FORSCHUNGSBERICHTE DES LANDES NORDRHEIN-WESTFALEN

Nr. 2202

Herausgegeben im Auftrage des Ministerpräsidenten Heinz Kühn
vom Minister für Wissenschaft und Forschung Johannes Rau

Dr. Jörg Wedekind

Finanzwissenschaftliches Forschungsinstitut an der Universität zu Köln
Direktor Prof. Dr. Dr. h. c. Günter Schmölders

Kostenermittlung und Kostenauswertung im Hochschulbereich

WESTDEUTSCHER VERLAG · OPLADEN 1971

ISBN 978-3-531-02202-4 ISBN 978-3-322-88532-6 (eBook)
DOI 10.1007/978-3-322-88532-6

Gesamtherstellung: Westdeutscher Verlag ·

Die in diesem Band veröffentlichten Ergebnisse wurden im Finanzwissenschaftlichen Forschungsinstitut an der Universität zu Köln erarbeitet. Die technische und finanzielle Abwicklung des Forschungsvorhabens lag in den Händen der Forschungsstelle für empirische Sozialökonomik *(Prof. Dr. G. Schmölders)* e. V., Köln.

Inhalt

Abkürzungen

Art.	Artikel
BGBl.	Bundesgesetzblatt
BHO	Bundeshaushaltsordnung
BRD	Bundesrepublik Deutschland
Diss.	Dissertation
FA, NF	Finanzarchiv, Neue Folge
FAZ	Frankfurter Allgemeine Zeitung
GG	Grundgesetz der BRD
HdSW	Handwörterbuch der Sozialwissenschaften
HdF	Handbuch der Finanzwissenschaft
HGrG	Haushaltsgrundsätzegesetz
NZZ	Neue Zürcher Zeitung
NW	Nordrhein-Westfalen
Z.f.B.	Zeitschrift für Betriebswirtschaft
Z.f.h.F.	Zeitschrift für handelswissenschaftliche Forschung

A) Einführung

Denkt man zunächst in betriebswirtschaftlichen Kategorien, dann versteht man unter Kosten Größen, die dem Umfang nach weit über mikroökonomische Ausgaben- und Aufwandbeträge hinausgehen können [1]. Der Kostenbegriff – K. MELLEROWICZ spricht vom Kostendenken als einem bereits abstrakten Relativitätsdenken [2] – umfaßt nämlich einmal das Kriterium der Leistungsbezogenheit und zum anderen das des Werteverzehrs bzw. der Wertbindung, wobei jedem Werteverzehr auf der einen Seite eine Wertschöpfung auf der anderen Seite gegenübersteht [3]. Als Kosten, d. h. als bewerteter Verzehr von Gütern und Dienstleistungen zur Erstellung einer Leistung [4], wie die Definition ganz allgemein und fast systemindifferent lautet, sind somit auch solche Größen anzusehen, die weder Ausgaben- oder Aufwandcharakter haben noch zur Erzielung eines erwerbswirtschaftlichen Erfolges beitragen die betriebswirtschaftlichen Zusatzkosten »kalkulatorische Abschreibungen« und »kalkulatorische Zinsen« sind dafür die bekanntesten Beispiele [5].

Auch der unter staatlicher Obhut stehende Hochschulbereich erstellt zweifellos Leistungen; sucht man jedoch nach Veröffentlichungen über die Kosten der Hochschulen, so findet man alles andere als eindeutige Informationen vor; vielmehr bietet sich ein in den Einzelbeträgen sehr unterschiedliches und darüber hinaus qualitativ verwirrendes Gemisch von Ausgaben-, Aufwand- und Kostendaten an, das nicht selten sogar repräsentativ genannt wird, dessen praktische Brauchbarkeit jedoch anläßlich der starken Kostendifferenzen mit Recht angezweifelt werden darf: Nach Ansicht H. DICHGANS' [6] sind z. B. allein die Abschreibungs- und Zinskosten, die die öffentliche Hand für einen Studenten an einer neuen Universität aus Steuermitteln aufzubringen hat, etwa DM 2000 im Monat oder DM 24 000 im Jahr, ganz abgesehen von den laufenden beträchtlichen Kosten für wissenschaftliches Lehrpersonal einerseits und Verwaltungspersonal andererseits, die zweifellos noch einmal so hoch veranschlagt werden können. Sehr viel niedriger liegt mit Gesamtausgaben in Höhe von DM 16 460 je Hörer im Jahre 1966 eine Veröffentlichung des Landes Nordrhein-Westfalen [7], und zu abermals andersartigen Ergebnissen kommt eine Studie des Schweizerischen Bildungsrates, die selbst in Anbetracht einer nur bedingten internationalen Vergleichbarkeit Erstaunen hervorzurufen vermag, wenn die Betriebskosten der schweizerischen Hochschulen für das Jahr 1966 mit insgesamt SF 9408 [8] oder etwa DM 8796 je Student beziffert werden, ein Wert, der nur noch von einer Schätzung des Prognos-Instituts [9] unterboten wird; nach ihr sind die jährlichen laufenden Ausgaben je

1 HEINEN, E., Betriebswirtschaftliche Kostenlehre, Grundlagen, 3. Aufl., Wiesbaden 1970, S. 91 ff.

2 MELLEROWICZ, K., Kosten und Kostenrechnung, Bd. 1, Theorie der Kosten, 4. Aufl., Berlin 1963, S. 4.

3 WÖHE, G., Einführung in die Allgemeine Betriebswirtschaftslehre, 9. Aufl., Berlin usw. 1969, S. 492 ff.

4 MENRAD, S., Der Kostenbegriff, Betriebswirtschaftl. Schriften, Heft 16, Berlin 1965, S. 16.

5 Die Privatwirtschaft kennt daneben noch die Zusatzkosten »Kalkulatorische Wagniszuschläge«, »Kalkulatorischer Unternehmerlohn« und »Kalkulatorische Mieten«. WÖHE, G., Einführung in die Allg. Betriebswirtschaftslehre, a.a.O., S. 652 ff.

6 DICHGANS, H., Universitäten mit Fernunterricht, in: FAZ Nr. 43 v. 10. 2. 69, S. 2.

7 Statistik des Bildungswesens 1950–1975, Strukturförderung im Bildungswesen des Landes Nordrhein-Westfalen, Heft 6, Wuppertal–Düsseldorf 1968, S. 129, Tab. 83.

8 Mitteilungsblatt des Schweizerischen Wissenschaftsrates, Jg. 3, Heft 1, Bern, März 1969, S. 20, Tab. II.

9 AFHELDT, H., Infrastrukturbedarf bis 1980, Prognos-Studie 2, Basel, Stuttgart usw. 1967, S. 53.

Student mit DM 5722 anzusetzen. Stellt man all diesen Angaben, die trotz starker Differenzen wenigstens zeitlich abgegrenzt sind, noch weitaus weniger bestimmte Informationen etwa in Form allgemeiner Kostenschätzungen je Studienplatz zur Seite – K. Biedenkopf nannte für die Ruhr-Universität Bochum pauschale Studienplatzkosten in Höhe von DM 10 000 [10] – so wird vollends deutlich, wie breit die Skala der unterschiedlichen »Kostensätze« gefächert ist und wie abweichend demzufolge auch alle daraus gezogenen Schlußfolgerungen ausfallen müssen.

Die enormen Unterschiede in den Kostenvorstellungen sind sicherlich nicht zu einem geringen Teil die Folge davon, daß man realistische mikroökonomische Kostenanalysen im Hochschulbereich vielleicht aus einer grundsätzlichen Abneigung gegenüber allen ökonomischen Fragestellungen lange Zeit umgehen zu müssen glaubte [11]. Sie lassen sich zu einem guten Teil aber auch auf die Scheu vor bisher sicherlich überschätzten theoretischen und praktischen Problemen kostenrechnerischer Art zurückführen [12], ganz zu schweigen von einer bewußt undurchsichtigen Verbreitung statistischer Zahlenwerte, die allein dazu angetan ist, der einen oder anderen politischen Zielvorstellung den erwünschten Nachdruck zu verleihen. Dabei wird die Gefahr des Mißbrauchs derartiger Daten, der selbst dann vorliegt, wenn man an sich richtige Werte nur einseitig und damit falsch deutet, bedauerlicherweise schon dadurch erleichtert, daß diejenigen Stellen, die mit Hilfe von Statistiken argumentieren, in der Regel nicht mit den Ermittlern der Zahlen identisch sind [13].

Läßt sich bereits aus der bisher offensichtlichen Informationslücke [14] die Notwendigkeit einer grundsätzlichen Analyse der Kostenproblematik im Hochschulbereich ableiten, so sollte eine solche jedoch nicht ausschließlich als vordergründiger Versuch verstanden werden, die heute bekannten und sowohl politisch als auch journalistisch genutzten Daten zu objektivieren. Erst die Kenntnis der Kosten nämlich macht es möglich, die ökonomischen Konsequenzen von Entscheidungen zu erkennen [15], die z. B. allein durch die Feststellung von Ausgaben, denen zur Zeit sowohl in der öffentlichen Finanzwirtschaft als auch in der Finanzwissenschaft nicht immer zu Recht vorrangige Bedeutung beigemessen wird, nicht in ihrem vollen Umfang zu erfassen und zu kontrollieren sind. Kosteninformationen sollten nach Möglichkeit vielmehr als Orientierungshilfen [16] vorbereitenden, wenn nicht sogar als Entscheidungshilfen bestimmenden Einfluß auf alle Dispositionen in den Hochschulen und über die Hochschulen ausüben.

Das gilt insbesondere für den Verwaltungspraktiker, der die knappen öffentlichen Mittel – Finanzmittel einerseits und Vermögensgegenstände andererseits – rationell einzuset-

[10] Fauth, G., Ein Studienplatz in Bochum kostet mehr als 10 000 DM, in: Kölner Stadt-Anzeiger, Nr. 216, S. 3 f., v. 18. 9. 69.

[11] Newman, J. H., Vom Wesen der Universität, übersetzt aus dem Englischen von Heinrich Bohlen, Mainz 1960, 8. Vortrag, S. 159 f.

[12] In diesem Fall ist das fehlende Verständnis für Kostenfragen die Frucht falscher bzw. fehlender Ausbildung der Verantwortlichen in der öffentlichen Verwaltung, ein Tatbestand, auf den durch die Finanzwissenschaft mit bis heute noch ausstehendem Erfolg aufmerksam gemacht worden ist. Vgl. zum Problem des »Juristenmonopols«, Schmölders, G., Finanzpolitik, 2. Aufl., Berlin usw. 1965, S. 1967. Ders., Volkswirte in die Verwaltung!, in: Der Deutsche Volks- und Betriebswirt, 1. Jg. 1/2, Bonn 1954, S. 5–8. Vialon, K., Besteht in der öffentlichen Ausgabenwirtschaft ein natürliches Interesse an Wirtschaftlichkeit und Sparksamkeit?, in: Welche Erfahrungen der Betriebswirtschaft können Staat und Kommunen für die wirtschaftliche Gestaltung ihrer Verwaltung und ihrer Aufgaben übernehmen? Göttingen 1958, S. 26.

[13] Kellerer, H., Statistik in Wirtschafts- und Sozialleben, Reinbek 1960, S. 248.

[14] Frenzel, I., Was kostet ein Studium, in: Süddeutsche Zeitung Nr. 111 v. 9./10. Mai 1970.

[15] Heinen, E., Betriebswirtschaftl. Kostenlehre, a.a.O., S. 536.

[16] Freund, R., Bildungsplanung, Bildungsinvestition, Bildungsertrag, Wien 1969, S. 52.

zen bemüht sein muß [17] und das gilt ebenso für den Finanzpolitiker, der zur Verwirklichung einer rationalen Finanzpolitik alle vom öffentlichen Sektor ausgehenden Maßnahmen hinsichtlich ihrer beabsichtigten und nichtbeabsichtigten Wirkungen zu analysieren, sie auf ihre Zielkonformität hin abzustimmen oder zumindest beim Einsatz weiterer finanzpolitischer Instrumente bewußt in Rechnung zu stellen hat. Schließlich, und damit wird ein Entscheidungsbereich angesprochen, der unter Berufung auf die Ergebnisse der Bildungsökonomie sich mehr und mehr aus dem Gesamtzusammenhang der Finanzpolitik abzusondern beginnt, wird auch vom Bildungspolitiker verlangt, sich an den Kosten zu orientieren, wenn es darum geht, die Hochschulstrukturen grundlegend festzulegen. Dieser Aspekt macht infolge der etwas anders gearteten Zielsetzung freilich eine beträchtliche Erweiterung des anfangs zitierten, betriebswirtschaftlichen Kostenbegriffs erforderlich, denn von Interesse sind nicht mehr die einzelwirtschaftlichen, sondern die gesamtwirtschaftlichen Kosten; an die Stelle des betriebswirtschaftlichen, bewerteten Verzehrs von Gütern und Dienstleistungen tritt ganz allgemein der gesellschaftliche Werteverzehr [18].

Die Vielschichtigkeit der anstehenden Probleme erschwert einen eindeutigen Aufbau der vorliegenden Arbeit wesentlich, sie bringt es darüber hinaus fast zwangsläufig mit sich, daß oftmals sowohl volkswirtschaftliche, d. h. bildungsökonomische, als auch betriebswirtschaftliche und nicht zuletzt finanzwissenschaftliche Überlegungen gleichzeitig anzustellen sind. Einige Unzulänglichkeiten in der Argumentationsweise können möglicherweise bereits auf diesen Umstand zurückgeführt werden.

Es wurde zur Betonung der bildungspolitischen Aktualität für zweckmäßig gehalten, die Erörterung der Bedeutung von Kosteninformationen für die Bildungs-, d. h. Hochschulpolitik, insbesondere für die langfristig ausgerichtete Hochschulplanung an den Anfang der Untersuchung zu stellen. Daran schließt sich der eigentliche Schwerpunkt der Arbeit, die Analyse des Doppelproblems der mikroökonomisch orientierten Kostenermittlung und Kostenzurechnung, die zweifellos davon auszugehen hat, daß es nicht »den Studenten schlechthin«, sondern nur Studenten einzelner, unterschiedlich teurer Ausbildungswege geben kann [19]; so ist z. B. ein naturwissenschaftliches Studium, das einen festen Arbeitsplatz mit aufwendigen technischen Geräten erfordert, naturgemäß wesentlich kostspieliger als z. B. das nicht einmal fest an die Universitätseinrichtungen gebundene Gesetzes-, Bücher- und Aktenstudium angehender Juristen. Sodann folgt ein Abschnitt über die Bedeutung von Kosteninformationen für die Finanzpolitik, der es u. a. auch auf die Nebenwirkungen der staatlichen Unterhaltung von Hochschulen im Rahmen der gesamten Haushaltsgebarung ankommt. Werden diese finanzpolitischen Überlegungen zwar anhand des konkreten Falls »Hochschulkosten« angestellt, so stehen sie angesichts ihres zur Zeit noch etwas ungewöhnlichen Charakters jedoch in mancher Beziehung stellvertretend für Erwägungen, die auch bei anderen, gleichgelagerten Staatsaufgaben angestrebt werden sollten. Den Abschluß bildet ein praktisches Anwendungsbeispiel für die Kostenermittlung und Kostenzurechnung im Hochschulbereich; gerade diesem Versuch, die Kosten für ins-

[17] Gerade in jüngster Zeit wird die Forderung nach Resultaten im ausgesprochen unterentwickelten Bereich mikroökonomischer Bildungsforschung besonders laut. Vgl. hierzu insbes.: v. Recum, H., Aspekte der Bildungsökonomie, Neuwied 1969, S. 59; des weiteren: Castner, R., Die Schule als Betrieb, in: Wirtschaft und Erziehung, Heft 4, 1967, 19. Jg., S. 154–160; Edding, F., Ökonomie des Bildungswesens, Lehren und Lernen als Haushalt und als Investition, Freiburg 1963, S. 67 und S. 104, des weiteren: Brinkmann, G., Berufsanforderungen und Berufsausbildung, Zur Bestimmung des Bedarfs an hochqualifizierten Arbeitskräften, Tübingen und Zürich 1970, S. 31 f. und S. 199.

[18] Thiemeyer, T., Kosten als gesellschaftliche Bedeutungsgröße, in: Zeitschrift für Verkehrswissenschaft, 39. Jg., Heft 4, 1968, S. 193–204.

[19] Olivera, Julio H. G., Die Universität als Produktionseinheit, in: Weltwirtschaftl. Archiv 98 (1967), Heft 1, S. 51.

gesamt 11 Ausbildungswege an den Hochschulen in Aachen, Bonn und Köln für das Jahr 1966 zu schätzen, entstammt eine Vielzahl von Anregungen auch für die übrigen Punkte der Untersuchung. So konnten manche mehr oder weniger »autonomen« theoretischen Vorstellungen überprüft und zum Teil schlüssig verworfen werden. Die Zusammenfassung der gewonnenen Daten über die Kosten der unterschiedlichen akademischen Ausbildungswege geht daher ihrer Bedeutung nach über den Charakter eines statistischen Anhangs hinaus; sie könnte und sollte beispielhaft zu weiterem Nachdenken über die Kostensituation im Hochschulwesen Anlaß geben.

B) Die Bedeutung von Kosteninformationen für die Hochschulpolitik

I. Die Hochschulplanung als Teilbereich einer rationalen Bildungspolitik

Von der Forderung nach rationaler Politik im allgemeinen und rationaler Bildungspolitik im besonderen wird heute mehr denn je gesprochen; damit geht allerdings die Gefahr einher, daß man solange im Bereich bloßer Schlagworte bleibt, als die politische »Rationalität« nicht eindeutig definiert wird. Für diese Arbeit soll das Kriterium einer rationalen Politik bereits dann als erfüllt gelten, wenn die folgenden drei Bedingungen gegeben sind: die bewußte Vorgabe mindestens eines politischen Hauptzieles, die systematische Auswahl der adäquaten Mittel, d. h. solcher Mittel, die eine Zielerreichung überhaupt ermöglichen, und schließlich die Bestimmung von Umfang und Zeitpunkt des Mitteleinsatzes. Danach kann eine Politik ex post immer dann »rational« genannt werden, wenn das Hauptziel erreicht worden ist, und zwar ohne Rücksicht darauf, ob etwaige Nebenziele und Nebenbedingungen beachtet wurden und ungeachtet dessen, daß die Zielerreichung vielleicht auf wirtschaftlichere Weise, d. h. mit geringeren einzelwirtschaftlichen Verfahrenskosten, hätte erreicht werden können. Ein Verzicht auf diese beiden Zusatzbedingungen stellt also die politische Rationalität nicht in Frage, wohl aber ist ihre bewußte Berücksichtigung dazu geeignet, den Grad der Rationalität unter Umständen erheblich zu beeinflussen; je nachdem, in welchem Umfang sie wirksam wird, kann sich die »politische« zur »politisch-ökonomischen« Rationalität ausweiten, im Grenzfall (d. h. bei Berücksichtigung aller Nebenziele und -bedingungen sowie unter Wahrung des höchsten einzelwirtschaftlichen Wirtschaftlichkeitsgrads) sogar soweit, daß schließlich von optimaler Politik, dem Idealfall jeder staatlichen Aktivität gesprochen werden darf. Zielsetzung, Mittelfindung und Mitteleinsatz sind zugleich nun zusammenhängende, grundsätzliche Bestandteile eines Planungsprozesses und die Forderung nach rationaler Bildungspolitik beinhaltet somit gleichzeitig auch die Forderung nach rationaler Bildungsplanung.
Erhitzte bis vor kurzem schon die bloße Erwähnung des Wortes Planung, zumindest wenn es in Deutschland um ethisch so hoch im Kurs stehende Fragen wie die der grundrechtlich gesicherten Bildung ging [20], fast automatisch die Gemüter vieler mehr oder weni-

[20] R. Dahrendorfs viel zitierte Interpretation des Grundrechts auf Bildung und Ausbildung nach Art. 12 GG lautet z. B. wie folgt:
»1. Jeder Mensch hat ein Recht auf eine intensive Grundausbildung, die ihn befähigt, von seinen staatsbürgerlichen Rechten und Pflichten wirksamen Gebrauch zu machen.
2. Jeder Mensch hat ein Recht auf eine seiner Leistungsfähigkeit entsprechende, weiterführende Ausbildung.

ger gefühlsbetonter Kritiker, so steht die Notwendigkeit planerischer Überlegungen auch auf diesem Gebiet heute längst nicht mehr ernsthaft zur Debatte [21]. Es ist im Prinzip auch nicht die Schuld des an sich systemneutralen Planungsbegriffs, daß ihm in den westlichen Demokratien so leichtfertig der negative Aspekt des Ausdrucks Planwirtschaft zugeordnet wird; dies ist wohl eher ein Kennzeichen der ausgesprochen modisch gewordenen Ideologisierung wirtschaftswissenschaftlicher Werkzeuge schlechthin, einer Denkweise, die in Wahrheit jede fruchtbare Diskussion ausschließen muß. Daß übrigens alle Finanzwirtschaft zugleich Planwirtschaft ist, gilt in der Finanzwissenschaft ohnehin als unbestritten [22].
Zur Abgrenzung des Planungsbegriffs bietet sich in der Literatur eine stattliche Anzahl mehr oder weniger umfangreicher Definitionen an, deren Wesen von E. SALIN treffend gekennzeichnet wird, wenn er ganz allgemein die Planung, d. h. den Plan, »Vorwegnahme und Entwurf für eine Handlung oder eine Ordnung« [23] nennt, der seinen Wert auch dann hat, wenn er unabhängig von seiner tatsächlichen Verwirklichung schon »als reine Konzeption« [24] besteht. Auf den besonderen Fall Bildung bezogen mag sich die sehr ausführliche Interpretation von H. P. WIDMAIER [25] durchgesetzt haben; nach ihr ist Bildungsplanung die rationale Durchdringung des Bildungswesens als System, die Feststellung der quantitativen und qualitativen Grundtatsachen des Bildungsprozesses und die kurz-, mittel- und langfristige Vorausschätzung zukünftiger Entwicklungstendenzen im Rahmen der gesellschafts- und wirtschaftspolitischen Zielsetzungen mit dem Zweck, bildungspolitische Entscheidungen sachlich vorzubereiten und bei gegebenen Entscheidungen eine hinlänglich effiziente und rationale Entwicklung des Bildungssystems zu ermöglichen. Bildungsplanung bedeutet demnach die Beantwortung der Frage, »wer wann wie« ausgebildet werden soll, womit G. BRINKMANN [26] die recht komplizierte Problematik auf einen sehr einfachen, subjektbezogenen Nenner gebracht haben dürfte.
Als Planungsphasen können im einzelnen unterschieden werden die Phasen der Systemanalyse, d. h. Systemdiagnose, der Analyse der bildungspolitischen Ziele, der Analyse des bildungspolitischen Instrumentariums, der Vorbereitung etwaiger Prognosemodelle und schließlich die Phase der Planungskontrolle, wobei der grundlegenden Diagnosefunktion innerhalb der Bildungsplanung besondere Bedeutung beigemessen werden muß [27], da die Prozesse der Bildung und Ausbildung von langfristiger Art und Wirkung sind und somit auf lange Sicht ausgerichtete ordnungspolitische Maßnahmen erfordern [28], deren Ergebnisse so gut sein können, wie das Fundament, auf dem sie stehen.
Fragt man im einzelnen nach den Impulsen und Motiven für eine Bildungsplanung, so läßt sich, je nachdem, wie weit man den Bogen spannt, bereits eine erste Verbindungslinie von der politischen zur politisch-ökonomischen Rationalität erkennen. G. BOMBACH macht

3. Es ist die Pflicht der staatlichen Instanzen, dafür Sorge zu tragen, daß diese Rechte ausgeübt werden können.«

DAHRENDORF, R., Bildung ist Bürgerrecht, Osnabrück 1966, S. 23.

[21] v. RECUM, H., Aspekte . . ., a.a.O., S. 18.

[22] SCHMÖLDERS, G., Finanzpolitik, 3. Aufl., Berlin–Heidelberg usw. 1970, S. 438 und 450 ff.

[23] SALIN, E., Planung – Der Begriff, seine Bedeutung, seine Geschichte, in: A. Plitzko, Hrsg., Planung ohne Planwirtschaft, Frankfurter Gespräche der List-Gesellschaft, Basel 1964, S. 2. Mit diesem Begriffsinhalt stimmt voll die bekannte Definition von GUTENBERG überein, der »das charakteristische Merkmal der Planung im Entwerfen einer Ordnung« sieht.

[24] GUTENBERG, E., Grundlagen der BWL, Bd. I, 10. Aufl., 1965, S. 146.

[25] WIDMAIER, H. P., BAHR, K., Bildungsplanung, Ansätze zu einer rationalen Bildungspolitik, Stuttgart 1966, S. 11.

[26] BRINKMANN, G., Berufsanforderungen . . ., a.a.O., S. 4.

[27] ROEVENICH, W., Bildungsökonomie, Köln 1966, S. 29.

[28] v. RECUM, H., Aspekte . . ., a.a.O., S. 19, und ders., Perspektiven der Bildungsplanung, Frankfurt 1967.

das deutlich, wenn er den Zwang zur Planung daraus ableitet, daß beim Bildungswesen, wie auch in anderen Bereichen der öffentlichen Wirtschaft, der marktwirtschaftliche Selbststeuerungsmechanismus über den Preis ausgeschaltet ist [29], was besagt, daß »planlose« Entscheidungen, die dem erwerbswirtschaftlich orientierten Unternehmen spürbar teuer zu stehen kommen, im öffentlichen Sektor jedoch auch dann weiterbestehen können, wenn sie vollkommen der ökonomischen Grundlagen entbehren [30]. Daneben kann aber nur durch Planung sichergestellt werden, daß bildungs- und gesellschaftspolitische Mindestziele als solche erkannt und bei der Feststellung von Zielprioritäten berücksichtigt werden [31]. Die Tatsache also, daß Bildung und Ausbildung als Staatsaufgaben »per excellence« öffentliche Mittel in explosiv zunehmender Höhe verschlingen, macht eine Planung gerade über die Dauer einer Finanzperiode hinaus erforderlich, das ökonomische Phänomen der »knappen Mittel« wird zum zentralen Problem der bildungspolitischen Diskussion schlechthin.

Spricht man in der Praxis von staatlicher Bildungsplanung, so umfaßt sie zunächst alle Bereiche, in denen Bildungs- und Ausbildungsleistungen zur Verfügung gestellt werden, angefangen von den allgemeinbildenden Volks- bzw. Hauptschulen, Realschulen und Gymnasien über die berufsbildenden Berufsschulen, Berufsfachschulen, Techniker- und Ingenieurschulen bis hin zu den wissenschaftlichen Hochschulen und den ausschließlich weiterbildenden Volkshochschulen. Davon nehmen allerdings, bleibt man bei der herkömmlichen Gliederung des deutschen Bildungssystems [32], die aufeinander aufbauenden Bereiche Volks- und Hauptschulen (Grundschulen), Realschulen und Gymnasien (höhere Schulen) sowie Universitäten und Technische Hochschulen (Hochschulen) den weitaus größten Teil staatlicher Aktivität in Anspruch, ein Grund dafür, warum sich auch die Bildungsplanung bisher ausschließlich auf die zukünftige Entwicklung dieser drei Bereiche konzentriert hat [33].

Vergleicht man einmal die Schüler- bzw. Studentenzahlentwicklung der Volksschulen und der höheren Schulen einerseits sowie der Hochschulen andererseits und stellt sie den entsprechenden Schätzwerten für 1980, die vermutlich dadurch zustande gekommen sind, daß man die bisher nicht eindeutig zu definierenden bildungspolitischen Verhaltensweisen schlechtweg »extrapoliert« hat, so ergibt sich folgendes Bild [34]:

[29] Bombach, G., Bildungsökonomie, Bildungspolitik und wirtschaftliche Entwicklung, in: Bildungswesen und wirtschaftliche Entwicklung, Heidelberg 1964, S. 5.

[30] Der Planung kommen nach H. Giersch ebenso wie dem Markt koordinierende Aufgaben zu, allerdings mit dem Unterschied, daß der Markt den Charakter einer ex-post-Koordination hat, der Plan hingegen eine ex-ante-Koordination bewirkt. Giersch, H., Infrastruktur und Regionalpolitik, in: Plitzko, Planung ohne Planwirtschaft, a.a.O., S. 69 f.

[31] Freund, R., a.a.O., S. 18.

[32] Für die Zukunft ist dagegen vorgesehen, das deutsche Schulsystem aufzuteilen in die sog. Primarstufe, Sekundarstufe I, Sekundarstufe II und schließlich die Gesamthochschule.

[33] Widmaier, H. P., Bahr, K., Bildungsplanung, a.a.O., S. 46 ff.

[34] Ist aus den angeführten Zahlen strenggenommen nicht die Entwicklung, sondern nur der effektive Stand in den Jahren 1950 und 1969 zu ersehen, so darf vermerkt werden, daß die Entwicklung zwischen diesen Zeitpunkten weitgehend kontinuierlich verlaufen ist.
Vgl. hierzu die Stat. Jahrbücher 1952–1970 sowie für den Hochschulbereich die Vorläufige Zusammenfassung der Empfehlungen des Wissenschaftsrates zur Struktur und zum Ausbau des Bildungswesens im Hochschulbereich nach 1970, hrsg. als Sonderdruck des Wissenschaftsrates, Köln 1970, insb. S. 26 ff., und für den Schulbereich die Empfehlungen der Bildungskommission des Deutschen Bildungsrates für die Neuordnung des Schulwesens erschienen im Februar 1970 sowie den Bericht der Bundesregierung zur Bildungspolitik, BR-Drucksache 364/70 v. 9. 6. 70, S. 4 ff. Vgl. dabei insbesondere S. 45 mit S. 298 ff. der Empfehlungen zur Neuordnung des Schulwesens.

Tab. 1 Schüler- bzw. Studentenzahlen

Bildungsbereich	Vergleichsjahr 1950	1969	Schätzwerte für 1980*
Volksschulen	6 734 000	5 754 000	6 600 000
Höhere Schulen	885 000	1 950 000	3 400 000
Hochschulen	135 000	421 000	890 000

* Getrennte Projektionen der Schülerzahlen für die Volksschulen einerseits und die Gymnasien andererseits waren den bereits unter [34] zitierten Empfehlungen auf Grund der Strukturveränderungen des Schulsystems im einzelnen zwar nicht mehr zu entnehmen, doch konnten sie nach Abzug des in der Sekundarstufe II integrierten Anteils von Berufsausbildungen hinreichend genau geschätzt werden.

Die Zahl der Grundschüler blieb von 1950 bis heute verhältnismäßig konstant, woran sich auch nach der amtlichen Schätzung für 1980 in Zukunft nicht viel ändern dürfte; die Schülerzahl der höheren Schulen dagegen stieg von 1950 bis 1969 auf annähernd das Doppelte und die der Universitäten auf rund das Dreifache an, eine Entwicklung, die sich für die Hochschulen nach den Voraussagen für 1980 sogar auf fast das Siebenfache der Werte von 1950 fortsetzen dürfte. Diese enorme »Marktausweitung« der wissenschaftlichen Ausbildung muß damit zum bildungspolitischen und bildungsplanerischen Engpaß erster Ordnung werden, der sich ökonomisch vollends dann abzeichnet, wenn man auch die daraus erwachsenden finanziellen Ansprüche an die öffentliche Hand mit in die Betrachtung einbezieht [35]:

Tab. 2 Haushaltsansätze (Angaben in Mrd. DM zu Preisen von 1969)

Bildungsbereich	Vergleichsjahr 1950	1969	Schätzwerte für 1980
Grundschulen und Höhere Schulen	2,1	14,1	24,9
Hochschulen	0,8	5,8	19,0

Schätzt man die finanziellen Belastungen durch den Hochschulbereich im Jahre 1980 bereits auf fast 20 Mrd. DM, d. h. der Haushaltsansätze für die beiden übrigen Bildungsbereiche zusammen, dann stellt sich die Frage, wie die Hochschulplanung vorzugehen hat bzw. in der Realität vorgehen wird.

Grundsätzlich hat sie die Wahl zwischen bedingungsloser Anpassung an die erwarteten Nachfrageverhältnisse einerseits und mehr oder weniger umfangreicher Einschränkungen, d. h. Angebotsbegrenzungen andererseits [36], die hinsichtlich des Postulats der »knappen Mittel« zumindest realistischer zu sein scheinen als die häufig zu beobachtende, verstärkt propagierte Bildungsfreudigkeit des Bundes und der Länder. Eine rationale Begrenzung des Angebots an akademischen Ausbildungsmöglichkeiten bedingt gleichzeitig aber die

[35] Die Angaben entstammen den Stat. Jahrbüchern für die BRD, 1950, 1969, 1970 sowie der Vorläufigen Zusammenfassung der Empfehlungen des Wissenschaftsrates zur Struktur usw., a.a.O., S. 30.

[36] Auch bisher sind schon – wenn zwar nach außen auch schwer erkennbar – durch die allgemeine Handhabung des »Numerus clausus« im Hochschulbereich recht erhebliche Angebotseinschränkungen vorgenommen worden.

Setzung von Prioritäten, welche der Hochschulentwicklung den Platz im Gesamtsystem gesellschaftlicher Zielvorstellungen zubilligen, den sie bei bewußter Konkurrenz mit anderen, ebenso wichtigen Staatsaufgaben im Hinblick auf die herrschenden gesellschaftlichen Wertvorstellungen einnehmen darf.
Von der Bildungsökonomie erwartet man heute in der Regel eine weitgehende Versachlichung und Rationalisierung der Entscheidungsfindung, beansprucht sie doch inzwischen den Ruf, bei der Ausarbeitung von Planungsansätzen gerade hinsichtlich der politisch-ökonomischen Rationalität Leitlinien aufzeigen zu können.

II. Die Ansätze der Hochschulplanung

Untersucht man die bisher bekannten bildungsökonomischen Ansätze der Hochschulplanung nun auf ihre in dieser Hinsicht unterstellte Funktion, so empfiehlt sich zunächst die Gegenüberstellung zweier grundsätzlich entgegengesetzter Planungskategorien, deren Abgrenzung weitgehend identisch ist mit der von H. Riese vorgenommenen Einteilung in klassische Planungsansätze einerseits und moderne Planungsansätze andererseits [37]; sie unterscheiden sich im wesentlichen dadurch, daß die modernen im Gegensatz zu den klassischen Ansätzen bereits Kosteninformationen als angebotsbegrenzende Faktoren in das Kalkül einzubeziehen versuchen.

a) Planungsansätze ohne Berücksichtigung von Kosteninformationen

Ist größtmögliche persönliche Freiheit [38] das erklärte Ziel der Planung, so werden die Entschlüsse der Individuen als Ausgangspunkt gewählt. Man versucht festzustellen, wie sich die individuelle Nachfrage der Bevölkerung nach Ausbildungen verschiedener akademischer Ausbildungswege entwickeln wird, und plant anhand dieser Unterlagen die notwendigen Hochschuleinrichtungen. Dieser Ansatz wird in der deutschsprachigen Literatur etwas verwirrend auch als Angebotsplanung bezeichnet, da das Angebot an akademischen Ausbildungsmöglichkeiten in direkter Abhängigkeit von der Summe der Einzelnachfragen nach Bildungsplätzen verstanden wird; in Anlehnung an das angelsächsische Schrifttum sollte deshalb besser vom »socialdemand«-Ansatz [39] gesprochen werden.
Ist das Hauptinteresse der Bildungspolitiker dagegen auf eine ganz bestimmte wirtschaftliche Entwicklung, etwa auf ein als erwünscht angesehenes Wirtschaftswachstum gerichtet, so wird die zur Erreichung dieses Wachstums notwendige Anzahl von Akademikern unterschiedlicher Ausbildungswege zur zentralen Problematik der Planung. Man prognostiziert die Gesamtentwicklung, disaggregiert nach der Entwicklung der einzelnen Berufsgruppen, und leitet daraus die erforderliche Zahl der Fachkräfte ab [40]. Da es hierbei, im Gegensatz zum »social-demand«-Ansatz, für den die individuelle Nachfrage nach Bildungsplätzen eine theoretisch zumindest unproblematische, fest determinierte Größe darstellt, im wesentlichen darum geht, die Abhängigkeit zwischen Wirtschaftswachstum einerseits sowie Umfang und Struktur des Faktors Ausbildung innerhalb einer Volkswirtschaft andererseits abzuleiten – man unterstellt also eine vom Wirtschaftswachstum »induzierte« Nachfrage nach Akademikern der verschiedenen Fachrichtungen –, hat sich der gleichermaßen verwirrende Begriff »Nachfrageplanung« eingebürgert; auch in diesem Fall ist der englische Terminus »manpower«-Ansatz [41] vorzuziehen.

[37] Riese, H., Theorie der Bildungsplanung und Struktur des Bildungswesens, in: Konjunkturpolitik, 14. Jg. 1968, S. 261–290.
[38] Freund, R., Bildungsplanung . . ., a.a.O., S. 21.
[39] Die korrekte englische Bezeichnung lautet: »social demand approach«.
[40] Freund, R., Bildungsplanung . . ., a.a.O., S. 21.
[41] Die korrekte englische Bezeichnung lautet »manpower requirement approach«.

Ungeachtet der rein informatorischen Schwächen des »social-demand«-Ansatzes, der in allen praktischen Beispielen bisher außer acht gelassen hat, welche Faktoren im einzelnen (verfügbares bzw. erwartetes Einkommen, Sozialstatus, Geschlecht, Wohnort, Konfession etc.) die Nachfrage nach Bildungsplätzen bestimmen [42], hat er sich in der Praxis doch soweit durchgesetzt, daß ihn rund 90 % aller bislang praktizierten Planungsbemühungen in irgendeiner Form und sei es auch nur zu demonstrativen Zwecken, zum Ausgangspunkt genommen haben [43]. Dessen ungeachtet oder vielleicht gerade deshalb hält man sich mit Kritik an seiner Konzeption nicht zurück. Bemängelt wird vor allem, daß z. B. alle Anwendungsbeispiele von festbestimmten Studienanfängerquoten ausgehen, wie selbst die jüngsten Empfehlungen des Wissenschaftsrates zur Struktur und zum Ausbau des Bildungswesens im Hochschulbereich nach 1970 erneut beweisen, wenn sie bereits jetzt mit einer Studienanfängerquote in Höhe von 30 % der jeweiligen Abiturienten eines Geburtenjahrganges [44] rechnen. Darüber hinaus führt man an, daß das bestehende, auf Vergangenheitswerten beruhende System mit seinen Größenverhältnissen als Maß für die Zukunft genommen wird, was nur dann gerechtfertigt wäre, wenn das bestehende zufriedenstellend funktionierte, was ja gerade nicht der Fall ist [45]. Mag sich als Ausweg zwar auch die Verwendung von Zielwerten anbieten, so wäre in einem solchen Fall jedoch nicht die Gewähr dafür gegeben, daß das Modell zu einem operationalen und situationsadäquaten Plan führt, da es sich bei den Zielprojektionen meist um Daumenschätzungen der Politiker handelt. Zum anderen bleibt vom »social-demand«-Ansatz vollkommen unberücksichtigt, ob die vom Hochschulsystem »produzierten« Absolventen bestimmter Qualifikationen überhaupt je vom Arbeitsmarkt aufgenommen werden können.

Stellt der »manpower«-Ansatz [46] insofern eine Weiterentwicklung dar, als er die Gefahr des Angebotsmodells zu umgehen sucht, Über-, in manchen Fällen aber auch Unterproduktionen von Absolventen verschiedener Ausbildungswege auszulösen, welche mit menschlichem Elend verbundenen Fehlinvestitionen in »Humankapital« [47] gleichkommen, so muß die praktische Relevanz des »manpower«-Ansatzes heute jedoch mindestens ebenso, wenn nicht sogar noch mehr als die des »social-demand«-Ansatzes in Frage gestellt werden. Solange nämlich einmal unberücksichtigt oder falsch berücksichtigt bleibt, ob und

[42] B. Strümpel macht in diesem Zusammenhang insbesondere auf die großen Begabungsreserven aufmerksam, die bisher noch unbewußt in der Bevölkerung verborgen sind und im Rahmen eines realistischen »social-demand«-Ansatzes durchaus einkalkuliert werden müßten. »Intelligenz und Talent sind zwar nicht unbegrenzt, passen sich jedoch mit großer Flexibilität den vom Bildungssystem gebotenen Ausbildungsmöglichkeiten an. Der Engpaß liegt woanders: Es sind die Normen und Werte, mit denen die Auszubildenden aufwachsen, die das Leistungspotential einer Gesellschaft begrenzen.« Strümpel, B., Volkswirtschaftliche Kriterien für Ausbau und Ausgestaltung des Erziehungs- und Bildungswesens, in: Schmollers Jahrbuch, 1965, S. 167.

[43] The World Year Book of Education, Educational Planning, 1967, London, S. 85.

[44] Empfehlungen des Wissenschaftsrates, Hochschulbereich nach 1970, a.a.O., S. 28.

[45] Freund, R., Bildungsplanung . . ., a.a.O., S. 29.

[46] Vgl. aus der umfangreichen Literatur hierzu insbesondere:
Bombach, G., The Assessment of the Long-Term Requirements and Demand for Qualified Personel in Relation to Economic Growth for the Purpose of Educational Policy, Manuskript OECD, Paris 1963.
Gottsleben, V., Die Manpower-Forschung der OECD-Organisation und Inhalt, in: Mitteilungen des Instituts für Arbeitsmarkt und Berufsforschung, Bundesanstalt für Arbeitsvermittlung und Arbeitslosenversicherung, 1968, Nr. 2, S. 44–79.
Hegelheimer, A., Bildungsökonomie und Bildungsplanung, in: Konjunkturpolitik, 14. Jg., 1968, S. 261–290.
Parnes, H. S. (Hrsg.), Planning Education for Economic and Social Development. OECD. The Meditarranean Regional Project, Paris 1963.
OECD, The Residual Factor and Economic Growth, Paris 1964.

[47] Freund, R., a.a.O., S. 20.

in welchem Umfang die Qualifikationen, welche die Bildungs- und Ausbildungseinrichtungen vermitteln, tatsächlich den beruflichen Anforderungen entsprechen, und solange zum anderen der Prognosezeitraum so weit gefaßt wird, daß kein hinreichend zuverlässiges Bild von der zukünftigen beruflichen Struktur einerseits sowie der Produktionsstruktur andererseits zu gewinnen ist, wird der »manpower«-Ansatz nicht mehr sein können, als eine praktisch bedeutungslose Spielerei mit mathematisch formulierten Modellen.

G. Brinkmann konnte z. B. unter Berufung auf zahlreiche empirische Studien für die Berufskategorie »hochqualifizierte Arbeitskräfte«, d. h. »wirtschaftliche Führungskräfte« überzeugend nachweisen, daß alle bisherigen »manpower«-Ansätze allein auf Vorurteilen basierten, da die wirklichen Berufsanforderungen an diesen Personenkreis keinesfalls so lauteten, wie sie in den verschiedenen Modellansätzen formuliert worden sind [48]. Daraus folgernd gelang es ihm gleichfalls zum ersten Male, den in der Literatur immer wieder zitierten Zielkonflikt [49] zwischen dem »Bürgerrecht auf Bildung« und dem »ökonomischen Bedarf an Bildung« in Frage zu stellen, ja, er führte ihn quasi »ad absurdum« mit der Feststellung, daß der »manpower«-Ansatz heutiger Prägung, zumindest was den Umfang des Ausbildungsangebotes anbelangt, dem »social-demand«-Ansatz keinesfalls nachstehen könne [50].

Ganz abgesehen davon aber, daß die Entscheidung über das Ausmaß von Bildung und Ausbildung sicherlich auch anders gearteten ethischen Kriterien unterworfen sein sollte als allein dem der Sicherung eines wirtschaftlichen Wachstums [51], [52], zeichnen sich beide bisher diskutierten Ansätze in besonderem Maße dadurch aus, daß sie praktisch die verfügbaren Mittel der öffentlichen Hand für unbegrenzt halten und damit die Konkurrenz des Bildungswesens mit anderen, nicht minder wichtigen Verwendungs- und Ausgabenzwecken [53] bewußt oder unbewußt in Abrede stellen; schon aus diesem Grund wird den kostenorientierten Planungsansätzen in Zukunft das Hauptinteresse zu gelten haben [54].

b) Planungsansätze mit Berücksichtigung von Kosteninformationen

Die Einbeziehung von Kosteninformationen in die Planung gestattet zumindest formal bereits eine gewisse Ausrichtung der bildungspolitischen Entscheidungen am Kriterium der »politisch-ökonomischen« Rationalität, da beachtet wird, daß auch zur Erreichung des erstrebten Bildungszieles Lehrpersonal, Unterrichtsgebäude, Einrichtungen und Lehrmaterial, kurz personelle, sachliche und finanzielle, nicht beliebig vermehrte Werte eingesetzt werden, mit denen der privatwirtschaftliche Sektor wirtschaftet und mit denen auch die öffentliche Hand wirtschaften muß [55, 56].

[48] Brinkmann, G., Berufsanforderungen ..., a.a.O., S. 4 und S. 167 ff.

[49] Vgl. z. B. Riese, H., Theorie der ..., a.a.O., S. 284.

[50] Brinkmann, G., Berufsanforderungen ..., a.a.O., S. 4, Thesen 16 und 17, sowie S. 14 ff.

[51] Bodenhöfer, H. J., v. Weizsäcker, C. Ch., Bildungsinvestitionen, Pfullingen 1967, S. 75.

[52] v. Recum, H., Aspekte der ..., a.a.O., S. 32.

[53] Roevenich, W., Bildungsökonomie, a.a.O., S. 10.

[54] Auch die Kombination eines mit zahlreichen Unsicherheitsfaktoren behafteten »social-demand«-Ansatzes mit einem nicht minder fragwürdigen »manpower«-Ansatz zu einer sogenannten Bildungsbilanz, so bestechend sie, wie eine Studie von H. P. Widmaier (Widmaier, H. P., Bildung und Wirtschaftswachstum ..., a.a.O., S. 279 f.) beweist, auf den ersten Blick auch sein mag, mutet zur Zeit mehr wie eine Flucht vor der Unlösbarkeit von Teilproblemen in immer neue Modellansätze an, die ihrerseits nur noch größere Probleme mit sich bringen, als eine praxisnahe Vorbereitung wirklichkeitsgetreuer und effizienter Entscheidungen im Bildungsbereich.

[55] Edding, F., Ökonomie des Bildungswesens, a.a.O., S. 291.

[56] Hierbei handelt es sich um eine Forderung, die heute zumindest verständlicher erscheint als die Auffassung, der Staat könne gar nicht genug Geld ausgeben, um der Volkswirtschaft weitere Anreize zur Produktionssteigerung zu bieten, wenn auch an ihrer praktischen Verwirklichung seit eh und je mit dem Vorwurf gezweifelt wird, man verteile bei staatlicher Tätigkeit in großzügigster Weise des Kaisers Bart, lies: Steuergelder. Vgl. hierzu insbesondere:

Als kostenorientierte Planungsansätze werden häufig der Kosten-*Ertrags*-Ansatz, auch »investment«-Ansatz [57], sowie der Kosten-*Nutzen*-Ansatz, meist »cost-benefit-analysis« genannt, zur Diskussion gestellt. Halten sie manche Autoren fälschlicherweise für identisch [58], so muß darauf hingewiesen werden, daß ihnen allein ein gemeinsamer, recht anspruchsvoller Auftrag [59] unterstellt wird: Sie sollen klären, wie die optimale Gesamtausdehnung des Hochschulbereichs einerseits als auch die optimale Studienfächerkombination innerhalb dieses Bereiches andererseits [60] verwirklicht werden können.

Der »investment«-Ansatz

Versucht der »investment«-Ansatz davon auszugehen, die Entscheidung der Individuen von einer *privaten* Rentabilität der Ausbildung und analog dazu die des Staates von einer *sozialen* Rentabilität abhängig zu machen, so mutet dieses Vorgehen zweifellos auf den ersten Blick bestechend an, was auch seine große Beliebtheit bei modellfreudigen Bildungsökonomen erklären mag. Erwähnt seien nur die Schätzversuche von D. S. BRIDGEMAN [61] und H. P. MILLER [62], die von H. S. HOUTHACKER [63], J. N. MORGAN, M. H. DAVID [64] und R. KLINOV-MALUL [65] sowie die von W. L. HANSEN [66], G. S. BECKER [67] und T. W. SCHULTZ [68]; sie unterscheiden sich grob gesehen allein dadurch, daß auf der Ertragsseite einmal das gesamte Lebenseinkommen, zum anderen das abgezinste Lebenseinkommen oder schließlich nur Einkommensteile aus der Differenz von Einkommensprofilen zum Ansatz gebracht sind.

SCHACHTNER, U., Die Wirtschaftlichkeit der öffentlichen Hand, ein Beitrag zur Untersuchung der Rationalität öffentlichen Handelns, Diss. Köln 1966, S. 3, und
VIALON, K., Besteht in der öffentlichen Ausgabenwirtschaft ein natürliches Interesse an Wirtschaftlichkeit und Sparsamkeit?, a.a.O., S. 17.

57 A. Hegelheimer und andere Autoren nennen ihn auch »return«-Ansatz, vgl. HEGELHEIMER, A,. a.a.O., S. 103.

58 R. Freund setzt z. B. die »cost-benefit-analysis« mit dem »investment«-Ansatz gleich, vgl. FREUND, R., a.a.O., S. 127 und 174.

59 SCHERER, F., Großer Aufwand – magere Ergebnisse, in: Wirtschaftswoche, Der Volkswirt, Nr. 50 v. 11. 12. 1970, S. 51–53, sowie RIESE, H., Wir brauchen eine dynamische Strategie, in: Wirtschaftswoche, Der Volkswirt, Nr. 51 v. 18. 12. 1970, S. 42–45.

60 Demgegenüber vertreten U. Blaug und J. Steindl die Ansicht, daß die Nachfrage der Individuen nach Bildung (social-demand-Ansatz) die absolute Höhe des Angebots an Hochschuleinrichtungen, die ökonomisch bestimmte Nachfrage nach Arbeitsplätzen (manpower-Ansatz) dagegen die Fachrichtungsstruktur zu regulieren hat. Vgl. BLAUG, U., Approaches to Educational Planning, in: The Economic Journal, 57, 1967, S. 267 f., STEINDL, J., The role of manpower requirements in the educational planning of the Austrian EJP-Team, in: Manpower Forecasting in Educational Planning, Paris 1965, S. 71 ff.

61 BRIDGEMAN, D. S., Problems in Estimating the Monetary Value of College Education, Review of Economics and Statistics, Vol. 42, 1960, S. 180–184.

62 MILLER, H. P., Annual and Lifetime Income in Relation to Education, American Economic Review, Vol. 50, 1960, S. 962–986.

63 HOUTHAKKER, H. S., Education and Income, Review of Economics and Statistics, Vol. 41, 1959, S. 24–28.

64 MORGAN, J. N., DAVID, U. H., Education and Income, Quarterly Journal of Economics, May 1964, S. 346–348.

65 KLINOV-MALUL, R., The Profitability of Investment in Education in Israel, Jerusalem 1966.

66 HANSEN, W. L., Total and Private Rates of Return to Investment in Schooling, Journal of Political Economy, Vol. 71, 1963, S. 128–140.

67 BECKER, G. S., Investment in Human Capital, A. Theoretical Analysis, Journal of Political Economy, Vol. 70, 1962, S. 9–49, sowie ders., Human Capital, A Theoretical and Empirical Analysis, with Special Reference to Education, New York 1964.

68 SCHULTZ, T. W., Education and Economic Growth, in: Social Forces Influencing American Education, The both Yearbook of the National Society for the Study of Education, NB. Henry, ec., Chicago 1961.

Der Hauptanlaß zur Kritik, ja zur Ablehnung, ergibt sich heute jedoch nicht etwa daraus, daß man Rentabilitätsermittlungen für den Sektor Bildung, d. h. für den Faktor »human capital« schon aus definitorischen Gründen in Frage stellen sollte [69], vielmehr ist der Kosten-Ertrags-Ansatz deshalb zu verwerfen, weil er allzu oberflächlich nur die einkommensbezogenen Kosten- und Ertragsanteile, und selbst die nur teilweise, in sein Kalkül einbezieht. Es kann zur Ermittlung der »sozialen Rentabilität« nicht genügen, daß zu dem verhältnismäßig geringen Anteil der quantifizierbaren Kosten der Allgemeinheit, also den Kosten der Hochschulinstitutionen, nur gewisse Kosten des einzelnen, und zwar im allgemeinen die Kosten des persönlichen Verdienstausfalls sowie einige private Nebenkosten gerechnet werden [70], wogegen auf der Ertragsseite allein die zusätzlichen Einkommen stehen, die der Akademiker im Gegensatz zum Nichtakademiker erzielt. Individuelle Einkommenssteigerungen sind keinesfalls mit den durch das soziale Nutzenkonzept repräsentierten Wohlfahrtssteigerungen identisch [71]. Wie W. Roevenich wohl mit Recht meint, müßten Kosten-Ertrags-Kalküle demzufolge zwangsläufig zu der Aussage führen, daß sich keine Ausbildung, oder krasser ausgedrückt: »Dummheit«, immer noch am besten verzinst [72].

Die folgende Gegenüberstellung läßt erkennen, wie wenig aussagefähig übrigens derartige Rentabilitätsrechnungen auf das eingesetzte Kapital schon äußerlich sind, abgesehen davon, daß sie unberücksichtigt lassen, daß zwischen den einzelnen Ausbildungswegen Kostenunterschiede bestehen, welche die Rentabilitäten gerade von Studiengang zu Studiengang sehr unterschiedlich ausfallen lassen [73]:

Tab. 3 Rentabilitätsschätzungen *

	Becker high school	college	Hansen high school	college	Schultz high school	college
Sozial	–	11,5%	11,4%	10,2%	11,2%	9,8%
Privat	20,0%	13,0%	14,5%	10,1%	–	–

* Freund, R., a.a.O., S. 128.

Die »cost-benefit-analysis«

Die »cost-benefit-analysis« [74], die bisher fast ausschließlich im Bereich der Verkehrs- und Raumwirtschaftsplanung sowie bei wasserwirtschaftlichen Investitionsprojekten [75] An-

[69] Vgl. hierzu auch Brinkmann, G., Berufsanforderungen ..., a.a.O., S. 21 ff.

[70] Freund, R., a.a.O., S. 127.

[71] Hegelheimer, A., a.a.O., S. 103.

[72] Roevenich, W., a.a.O., S. 63 ff. Vgl. im Gegensatz dazu auch: Schmidt, K., Bildung lohnt sich, hoher Kapitaleinsatz, überdurchschnittliche Verzinsung, in: Der Volkswirt Nr. 47 v. 24. 11. 1967, S. 2601.

[73] Tab. 3 entspricht der Veröffentlichung von R. Freund, der die sozialen und privaten Rentabilitäten der Untersuchung von G. S. Becker, L. W. Hansen und T. W. Schultz zusammengefaßt hat. Da die Zahlen nur allgemein demonstrativen Charakter haben, ist es unerheblich, daß sowohl die Bezugsgröße (eingesetztes Kapital) als auch Vergleichsgrundlagen zu den deutschen Verhältnissen fehlen.

[74] Vgl. z. B.: Stolber, W. B., Nutzen-Kosten-Analyse in der Staatswirtschaft, Göttingen 1968; Billerbeck, K., Kosten-Ertrags-Analyse. Ein Instrument zur Rationalisierung der administrierten Allokation bei Bildungs- und Gesundheitsinvestitionen, Berlin 1968.

[75] O. V., Wegekostenanalyse, Bericht über die Kosten der Wege des Eisenbahn-, Straßen- und

wendung fand und die inzwischen sogar die neue Bundeshaushaltsordnung (BHO) sowie das Haushaltsgrundsätzegesetz (HGrG) für alle geeigneten staatlichen Maßnahmen von erheblicher finanzieller Bedeutung [76] vorschreiben, verspricht, die genannten Mängel des »investment«-Ansatzes zwar zu umgehen, da sie sowohl die Kosten als auch die Ertrags-, d. h. Nutzenkomponenten, vollständig zu erfassen vorgibt, ob sie allerdings die den Planungsentscheidungen zugedachten Aufgaben (vgl. S. 19) erfüllen kann, muß als äußerst problematisch angesehen werden. Vor allem zwei Argumente sind gegen eine derartige Anwendung der »cost-benefit-analysis« im Bildungsbereich ins Feld zu führen: Einmal, so sagt man, lassen sich die Kosten und Nutzen allenfalls ihrer Art nach erfassen, richtig zu bewerten seien sie jedoch nicht. Zum anderen wendet man ein, ergäben sich aus der Wechselwirkung zwischen Zielsetzung einerseits sowie Aufstellung und Auswahl der Alternativen andererseits Probleme, die keinesfalls logisch einwandfreie Ergebnisse zulassen [77].

Versucht man, dem ersten Einwand etwas auf den Grund zu gehen, so hat man zunächst die Kosten wie auch die Nutzenseite getrennt zu untersuchen. Als Kosten sind im Rahmen eines solchen umfassenden Ansatzes alle Werte zu verstehen, auf die der Entscheidungsträger infolge der »Investition in den Produktionsfaktor Arbeit (IPA)« [78] verzichten muß.

Es handelt sich dabei grundsätzlich um Opportunitätskosten im weitesten Sinne des Wortes [79], d. h. um den Verzicht der Allgemeinheit (in deren Vertretung die Entscheidungsträger handeln) auf den Nutzen der zweitbesten Verwendung der Mittel. Diese Kosten entsprechen somit gesellschaftlichem Werteverzehr; was aber Wert ist, läßt sich wohl allein metaökonomisch begründen, aus der Perspektive vielfältiger, vielleicht sogar einander ausschließender gesellschaftlicher Leitbilder [80]. Im praktischen »cost-benefit«-Kalkül führt dieser Ansatz allerdings mangels hinreichender Konkretisierbarkeit nicht zu brauchbaren Ergebnissen, worauf die Bildungsökonomie auf einzelne, zumindest real erfaßbare Kostengrößen ausgewichen ist. So unterscheidet sie als Kosten der Allgemeinheit [81, 82] oder soziale Kosten [83] die direkten, für jeden sichtbaren und eindeutig dem Projekt zuschreibbaren, von den indirekten Kosten.

Die direkten Kosten umfassen alle Kostengrößen, die sich ergeben würden, wenn man die ausbildenden Hochschulinstitutionen nach betriebswirtschaftlichen Kostenrechnungsverfahren durchleuchtete; daß dabei auch kalkulatorische Kostenarten einbezogen werden, ein bisher umstrittenes Problem, auf das weiter unten [84] noch ausführlich eingegangen

Binnenschiffahrtsverkehrs in der BRD, Heft 34 der Schriftenreihe des Bundesministeriums für Verkehr, Bad Godesberg 1969; Hesse, H., Arnold, V., Nutzen-Kosten-Analyse für städtische Verkehrsprojekte, dargestellt am Beispiel der Unterpflasterstraßenbahn in Hannover, in: Kyklos, Vol. XXIII, 1970, Fasc. 3, S. 502–557.

[76] BHO v. 19. 8. 1969, BGBl. S. 1284, § 7 II und HGrG v. 19. 8. 1969, BGBl. I, S. 1273, § 6.

[77] Vgl. hierzu insbesondere: Kirsch, G., Die logische Struktur des Problems einer Rationalisierung der Entscheidungsfindung auf Regierungsebene, Reform der Struktur von Bundesregierung und Bundesverwaltung, Bonn 1969, S. 467 und 488.

[78] Billerbeck, K., Kosten-Ertrags-Analyse, a.a.O., S. 1.

[79] Green, D. I., Pain Cost and Opportunity Cost, in: The Quarterly Journal of Economics, Vol. 8, 1894, S. 218 ff.

[80] Thiemeyer, T., a.a.O., S. 204.

[81] Müller, R., a.a.O., S. 4 ff.

[82] Freund, R., a.a.O., S. 64 ff.

[83] Heilf, U., Die Möglichkeit der Anwendung der Kosten-Nutzen-Analyse bei der Planung staatlicher Bildungsinvestitionen, Diplomarbeit, angefertigt im Seminar für Finanzwissenschaft an der Universität zu Köln, 1970, S. 42 ff.

[84] Vgl. Abschnitt C II, b.

wird, soll eindeutig positiv behandelt werden [85], da die hierzu im Schrifttum zu findenden gegensätzlichen Meinungen [86] jedenfalls wenig stichhaltig wirken.
Im einzelnen gelten somit als direkte Kosten die Personalkosten für Wissenschaftler und Verwaltungspersonal, die Kosten der Nutzung (Abschreibungen) und des Unterhalts von Vermögensgegenständen, Sonstige Kosten (Gebühren und Beiträge) sowie die Kosten der Kapitalbindung (Kalkulatorische Zinsen). Nicht eindeutig klärbar ist, ob auch die Kosten der staatlich unterstützten studentischen Krankenversorgung hinzugerechnet werden sollen; ebenso unklar ist, ob etwaige Steuerausfälle, die Folge davon, daß Bildungseinrichtungen keiner Besteuerung unterliegen, als direkte Kosten anzusehen sind [87]. Bejaht wird diese Frage mit dem allerdings von B. A. WEISBROD nachdrücklich angezweifelten Argument [88], daß die Steuern möglicherweise die mit der Ausbildung verbundene Inanspruchnahme allgemeiner öffentlicher Dienste von Bibliotheken, Polizei, Feuerwehr etc. decken würden, was auf eine finanzwissenschaftlich jedoch kaum haltbare Wiederbelebung des Äquivalenzprinzips hinausliefe.
Die indirekten Kosten der akademischen Ausbildung bestehen, gesamtwirtschaftlich gesehen, einmal darin, daß infolge des Universitätsbesuches potentieller Arbeitskräfte (Studierende, Hochschulpersonal) das gegenwärtige Sozialprodukt niedriger ist, als es beim Einsatz aller verfügbaren Arbeitskräfte sein könnte [89]. Dabei ist in die Überlegung mit einzubeziehen, daß die Höhe etwaiger Sozialproduktverzichte nur situationsbezogen zu sehen ist; in einer unterbeschäftigten Wirtschaft, die kaum in der Lage ist, zusätzliche Arbeitskräfte produktiv einzusetzen, sind diese Kosten niedriger als in einer Hochkonjunktur [90]. Darüber hinaus ist die von F. MACHLUP angeschnittene Problematik der Sozialproduktmessung zu berücksichtigen; nach seiner Ansicht könnte der Eintritt einer größeren Anzahl von Studenten in die Arbeiterschaft die Preisstellung, d. h. den Durchschnittslohn, derart senken, daß das monetäre, nominale Sozialprodukt unverändert bleibt [91]. K. BILLERBECK rechnet zu den indirekten Kosten auch solche Ausgaben, die notwendig sind, um später in einen der Ausbildung entsprechenden Beruf eintreten zu können [92]. Die Einrichtung eines Labors für einen Chemiker oder die einer Praxis für einen Arzt verursache zweifellos höhere Kosten als die eines Arbeitsplatzes für einen ungelernten Parkwächter.
Schließlich können indirekte volkswirtschaftliche Kosten in Form mangelnder Produktivitätssteigerungen oder fehlender Sozialproduktzuwächse auch die Folge einer Erscheinung sein, auf die zur Zeit in der Theorie kaum geachtet wird, vielleicht deshalb, weil sie paradox anmutet. Geht man nämlich davon aus, daß die Unternehmen der Privatwirtschaft in zunehmendem Maße das Bestreben haben, sich in nach außen nur schwer erkennbaren, marktbeherrschenden, zumindest aber marktstabilisierenden Kartellen zusammen-

[85] SCHULTZ, T. W., Education and Economic Growth, in: Henry, NB (Hrsg.), Social Forces Influencing American Education, Part. II, Chicago 1961, S. 46–88, S. 85; MACHLUP, F., The Production and Distribution of Knowledge in the United States, Princeton 1962, S. 98 ff.; BLITZ, R. C., The Nations' Educational Outlay, in: MUSKIN, S. J. (Hrsg.), Economics of Higher Education, Washington 1962, S. 147–169, S. 151.

[86] PALM, G., Die Ausgaben für Schulen und Hochschulen in der Bundesrepublik Deutschland 1950–1962, 2. Aufl., Frankfurt 1964, S. 29; KRUG, W., Quantitative Beziehungen zwischen materiellem und immateriellem Kapital, Jahrbücher für Nationalökonomie und Statistik, Bd. 180 (1967), S. 36–71, S. 44.

[87] R. Freund rechnet diese Kosten zu den indirekten Kosten, FREUND, R., a.a.O., S. 66.

[88] HEILF, U., a.a.O., S. 44.

[89] MÜLLER, R., a.a.O., S. 16.

[90] HEILF, U., a.a.O., S. 45.

[91] MACHLUP, F., The Production and . . ., a.a.O., S. 95.

[92] BILLERBECK, K., Kosten-Ertrags-Analyse, a.a.O., S. 79 f.

zuschließen, so bedeutet das gleichzeitig ein Ausweichen vor dem Zwang, neue Technologien und Erfindungen einzuführen, die wesentlichste Voraussetzung für die Dynamik der Güterversorgung innerhalb einer freien Verkehrswirtschaft sind. Daß die Neigung der Manager zur Kartellierung erst die Folge einer z. B. wirtschaftswissenschaftlichen Ausbildung sein könnte, die ihnen die Einsicht vermittelt, daß sie mit geringerem Aufwand zum Ziel eines angemessenen Gewinns kommen können, wenn sie, wie F. MACHLUP sagt, im Wettbewerb »alle nicht hart zuschlagen« [93], kann nicht bestritten werden. Inwieweit sich allerdings dafür jemals reale Kostengrößen quantifizieren lassen, bleibt zur Zeit noch dahingestellt; es handelt sich in diesem Stadium auch nicht mehr um die bloße Auffindung potentieller Kostenarten, sondern bereits um die Problematik der Kostenmessung und Kostenbewertung, der nächsten Stufe innerhalb der »cost-benefit-analysis«.

Ohne darauf jedoch näher eingehen zu wollen [94] bleibt zu sagen, daß im Fall der direkten Kosten auf den monetären Gegenwert des tatsächlich erfolgten Faktorverbrauchs (Nachkalkulation) eines entsprechenden staatlichen Vorhabens bzw. auf den Gegenwert des zu erwartenden Faktorverbrauchs (Vorkalkulation) zurückgegriffen werden kann; hinsichtlich der indirekten Kosten, bei denen sich reale monetäre Gegenwerte nicht feststellen lassen, muß man sich dagegen auf plausibel erscheinende monetäre Schätzungen beschränken oder, sollte auch das unmöglich sein, die monetären, direkten Kostenbestandteile durch Verbalerweiterungen stärker akzentuieren.

Noch problematischer als die Kostenseite gilt jedoch die Nutzenseite der »cost-benefit-analysis«. Beschäftigt man sich bereits seit über 100 Jahren [95] mit der Klassifizierung und Quantifizierung des Nutzens öffentlicher Leistungen, so hat man nämlich bis heute kaum wesentliche Fortschritte in Richtung auf eine kardinale Nutzenmessung gemacht; es lassen sich lediglich gewisse Unterschiede der einzelnen Nutzenarten verzeichnen [96], wovon die der Einkommensmehrung freilich die hervorstechendste ist.

Einmal ermöglicht ein akademisches Studium, von der dargestellten Kartellisierungsneigung der wirtschaftswissenschaftlich gebildeten Unternehmensleiter abgesehen, zunehmende volkswirtschaftliche Produktivität und Wachstum des Sozialprodukts, was sich gleichzeitig in einem höheren Volkseinkommen niederschlägt; dabei steigen freilich nicht nur die Einkommen der Ausgebildeten selbst, sondern über die multiplikative Fortsetzung des Wissens innerhalb eines Arbeitsteams auch die Arbeitsleistungen und Einkünfte der am Produktionsprozeß beteiligten Nichtakademiker. Dieser Effekt wird begleitet von einer erhöhten Anpassungsfähigkeit der Ausgebildeten an Strukturwandlungen der Wirtschaft und des Arbeitsmarktes (Mobilität des Faktors Arbeit) mit dem Ergebnis einer höheren Sicherheit für den einzelnen, stetig ein angemessenes Einkommen zu erzielen. Ein zusätzlicher Beitrag zur Produktivitätssteigerung kann darüber hinaus davon ausgehen, daß z. B. Forschungsergebnisse allen interessierten Bürgern zur praktischen Verwertung zur Verfügung stehen.

Zählt man zu diesen zumindest in monetären Einheiten vorstellbaren Größen noch die sogenannten »fiscal benefits« [97], die sich dadurch ergeben, daß die höheren Einkommen der Bürger höhere Steuereinnahmen des Staates zur Folge haben, die dieser so verwenden

93 MACHLUP, F., Wir alle schlagen nicht hart zu, in: FAZ Nr. 123 v. 28. 5. 1966, S. 5.

94 Vgl. zum Problem der Kostenbewertung insbesondere: STOLBER, W. B., Nutzen-Kosten-Analyse, a.a.O., S. 38 ff., ders., Effizienz in der öffentlichen Wirtschaft, in: Jahrbuch für Sozialwissenschaft, Bd. 19 (1968), S. 367.

95 DUPUIT, J., De la Mesure de l'Utilité des Traveaux Publics, in: Annales des Ponts et Chaussées, Paris 1844.

96 HIRSCH, W. Z., SEGELHORST, E. W., MARCUS, U. J., Spillover of Public Education Cost and Benefit, Los Angeles 1964, S. 263.

97 FREUND, R., a.a.O., S. 156.

kann, daß die Volkswohlfahrt zusätzlich gesteigert wird, dann wird darüber hinaus der gesamtwirtschaftliche Nutzen nicht unwesentlich erhöht. Zu solchen nichtmonetären Nutzenarten sind zu rechnen »die erhöhte Fähigkeit der Ausgebildeten, sinnvoll zu konsumieren, insbesondere sinnvoll die Freizeit zu gestalten«[98], der positive Einfluß der Eltern mit hohem Bildungsniveau auf ihre Kinder, insbesondere auf deren Bildungs- und Ausbildungsentscheidungen (»intergeneration effect«[99]), sowie die Möglichkeit der raschen Überwindung von wirtschaftlichen Engpaßsituationen. Ferner gelten als Nutzengrößen der gleichen Kategorie alle potentiellen individuellen Nutzen, die sich aus dem begründeten Anrecht auf weitere akademische Bildung ergeben können (»option value«[100]), Qualitätsverbesserungen der Arbeit, die sich nicht in erhöhtem Einkommen niederschlagen (»social return«[101]), sowie schließlich die große Zahl indirekter Fernwirkungen (»spillover effects«) wie etwa die Sicherung der Demokratie infolge eines verstärkten Verantwortungsbewußtseins bei zunehmendem Interesse für politische und gesellschaftliche Probleme. So meint B. A. WEISBROD[102] festgestellt zu haben, daß der prozentuale Anteil der Bürger, welche bei Präsidentschaftswahlen ihre Stimme abgeben, mit zunehmender Ausbildung steigt. Bildung und insbesondere akademische Bildung wäre danach nicht nur eine Voraussetzung für die Erhaltung unserer Staatsform, sondern auch für die Erhaltung, Vergrößerung und Weitergabe unserer Kultur, mit anderen Worten aller der Werte, aus denen und mit denen wir leben[103].

Als eine zumindest theoretische Möglichkeit der direkten Nutzenmessung für Kollektivgüter nennt R. MUSGRAVE die Konsumentenbefragung. Sie wird jedoch solange nicht zu unmittelbar brauchbaren Ergebnissen führen, wie infolge des Konsumzwanges und des in der Regel großen Angebotsumfanges ein allgemeiner Hang zur Unterbewertung der Kollektivgüter besteht[104]. Existiert demgegenüber eine andere Möglichkeit – etwa in Analogie zum erwähnten Opportunitätskostenkonzept bei der Kostenmessung –, in einzelnen Fällen der »cost-benefit-analysis« die Messung anhand der Alternativkostenmethode[105] dergestalt durchzuführen, daß die Nutzen eines staatlichen Projekts durch die Kosten der nächsten Alternative zum geplanten Objekt ausgedrückt werden[106], so dürfte im Falle der Hochschulplanung wohl auch die Anwendung dieses Verfahrens ausgeschlossen sein. Es muß daran scheitern, daß sich selbst eine ordinale Nutzenschätzung verschiedener Verwendungsarten kaum eindeutig herbeiführen lassen dürfte. Somit kann im Fall der Nutzen zur Zeit nur auf plausible Ausweichgrößen zurückgegriffen werden, die allerdings höchstens für einen Teil der Produktivitätssteigerungen monetär ausgedrückt werden können, und zwar wiederum in Form studienbedingter Einkommensdifferenzen zwischen Akademikern und Nichtakademikern, etwa so, wie es der »naive« »Kosten-Ertrags-Ansatz« gleichfalls vorsah. Dabei ist zu berücksichtigen, daß auch die Konkretisierung derartiger Einkommensunterschiede nicht ganz unproblematisch ist, da sie von einer Vielzahl anderer Faktoren überlagert werden; E. F. DENISON[107] schätzt, daß mindestens 40 % der Mehreinkommen auf andere Faktoren als auf Ausbildungsunterschiede, ge-

[98] HEILF, U., a.a.O., S. 52.

[99] SWIFT, W. J., WEISBROD, B. A., On the Monetary Value of Education's Intergeneration Effects, Journal of Political Economy, Vol. 73, 1965, S. 643–649.

[100] FREUND, R., a.a.O., S. 120 ff.

[101] Ders., a.a.O., S. 157.

[102] WEISBROD, B. A., External Benefits of Public Education, Princeton 1964, S. 97.

[103] FREUND, R., a.a.O., S. 159.

[104] MUSGRAVE, R. A., Finanztheorie, übersetzt von L. Kullmer, 2. Aufl., Tübingen 1969, S. 90 ff.

[105] STEINER, P. O., The Role of Alternative Cost in Project Design, in: The Quarterly Journal of Economics, Cambridge, Mass., 1965, S. 417 ff.

[106] HEILF, U., a.a.O., S. 23.

[107] DENISON, E. F., Proportion of Income Differentials Among Education Groups, »Due to«

schweige denn auf Unterschiede zwischen akademischen und nichtakademischen Ausbildungen zurückzuführen sind. Für alle übrigen, noch unquantifizierbaren Nutzenarten bleibt kein anderer Weg, als sie im Anschluß an die bereits bekannten Nutzengrößen in Form verbaler Auf- oder Abschläge zu berücksichtigen.

Auch die Frage, mit welchem Zinssatz die Nutzen und Kosten auf den Zeitpunkt unmittelbar vor Beginn des Projekts zu diskontieren seien, gilt bisher als theoretisch noch nicht eindeutig geklärt; Alternativprojekte, deren abzuzinsende Größen absolut zwar gleich groß sind, jedoch zeitlich unterschiedlich anfallen, führen in der »cost-benefit-analysis« bei gleichem Zinssatz zu unterschiedlichen und bei unterschiedlichem Zinssatz möglicherweise zu gleichen Kapitalwerten [108]. Selbst dann, wenn alle Kosten und Nutzen, welche Erhebungs- und Meßverfahren man auch immer anwenden mag, eindeutig quantifiziert und abgezinst werden könnten, wäre freilich noch darauf zu achten, daß etwaige »Istwerte« zuvor derart berichtigt worden sind, daß sie als »standardisierte Richtwerte« auch für die Zukunft Gültigkeit besitzen [109], da Planungsentscheidungen grundsätzlich Zukunftsüberlegungen implizieren.

Der zweite, mehr grundsätzliche Einwand gegen die Verwendung von Kosten-Nutzen-Analysen zur Lösung politischer Planungsentscheidungen ist demgegenüber auch durch noch so umfangreiche technische Anstrengungen der Bildungsökonomie nicht aus der Welt zu schaffen. Hierbei geht es vielmehr um die Frage von Logik und Konsistenz. Lassen sich eindeutige Kosten-Nutzen-Entscheidungen bei Sachinvestitionen innerhalb eines festen Programms, die ihrerseits meist nur eine eindeutig bestimmte, technische Funktion erfüllen sollen, in Anbetracht der klaren Zielsetzung ohne weiteres durchführen, so handelt es sich bei den Entscheidungen über »Investitionen in den Produktionsfaktor Arbeit« (IPA) [110] um einen wesensmäßig völlig anderen, hochkomplizierten Vorgang, der nur vor dem Hintergrund eines komplexen, wenn auch manchmal eindeutig klingend definierten Zielbündels gesehen werden darf. Heißen diese Ziele gleichrangig »Sicherung der grundrechtlich verankerten Freiheit auf Bildung und Ausbildung«, »Sicherung einer angestrebten Wirtschaftsentwicklung« und schließlich »Geringstmögliche Bindung öffentlicher Mittel im Hochschulbereich«, dann fragt sich, ob überhaupt adäquate Alternativen gefunden werden können, die ihrerseits die Zielsetzung nicht in Frage stellen.

Allein deshalb, weil die »cost-benefit-analysis« Kosteninformationen mehr als jeder andere bildungsökonomische Ansatz berücksichtigt, ist sie jedenfalls noch nicht dazu geeignet, der politischen Entscheidung ihr Gewicht und ihre Problematik zu nehmen. Eine Tatsache, die auch K. Billerbeck andeutet, wenn er ihre Anwendungschance überwiegend bei »intrasektoralen Entscheidungen« [111] sieht, und die auch H. Riese erkennt, wenn er die Begrenzung der Bildungsausgaben, insgesamt und strukturell, allein aus dem Stellenwert der Bildung gegenüber anderen, wohlfahrtsökonomischen Verwendungsmöglichkeiten, sprich: Staatsaufgaben, ableitet [112].

Zusammenfassend ist somit zu sagen, daß die bildungsökonomischen Planungsansätze – selbst dann, wenn sie kostenorientiert sind – kaum Entscheidungshilfen, wenn nicht sogar nur Orientierungshilfen darstellen und damit sicherlich nicht die Funktion erfüllen,

Additional Education: The Evidence of the Wolfth-Smith-Survey, in: OECD, The Residual Factor and Economic Growth, Paris 1964.

108 Eine etwas andere Ansicht äußert dazu P. Spary, Wachstums- und Wohlstandseffekte als Entscheidungskriterien bei öffentlichen Straßenbauinvestitionen, Finanzwissenschaftliche Forschungsarbeiten, NF Heft 37, Berlin 1968, S. 238.

109 Brinkmann, G., Berufsanforderungen . . ., a.a.O., S. 31.

110 Billerbeck, K., Kosten-Ertrags-Analyse, a.a.O., S. 1.

111 Ebenda, S. 25.

112 Riese, H., Wir brauchen eine dynamische Strategie, a.a.O., S. 44.

die ihnen häufig unterstellt wird, da sich politisches Handeln nicht durch Kostenrechnung ersetzen läßt [113]; daß Kosteninformationen dagegen auch bildungspolitisch wichtige Kontrollfunktionen ausüben und darüber hinaus nicht unerheblichen Einfluß auf den Ablauf des Zielfindungsprozesses haben, kann jedoch nicht bestritten werden.
Nach alledem ist festzustellen, daß die Bildungspolitik in den Gesamtzusammenhang der Finanzpolitik zurückverwiesen werden muß; ihr jedoch werden Kosteninformationen erneut – wenn auch weitgehend unter mikroökonomischen Gesichtspunkten – zugrunde zu legen sein, worauf im Anschluß an die beiden folgenden Kapitel, die sich deshalb mit der grundsätzlichen Problematik der Erfassung und Zurechnung der direkten Kosten im Hochschulbereich befassen, eingegangen werden soll.

C) Das Problem der Kostenermittlung im Hochschulbereich

Erwartet man von einer Kostenrechnung, daß sie mehreren Zwecken gleichzeitig dienen könne, so liegt ihr rechentechnisches Ziel jedoch allein darin, eindeutige Beziehungen zwischen Kosten und Leistungen herzustellen.
Diesem Ziel dient vornehmlich auch die Aufteilung in drei Kostenrechnungsstufen [114]; die Kosten*arten*rechnung hat zunächst alle für eine Leistungserstellungsperiode anfallenden Kosten eines Betriebes zu ermitteln, die Kosten*stellen*rechnung verteilt die Kostenarten sodann auf einzelne Produktions- und Betriebsbereiche, und die Kosten*träger*rechnung schließlich versucht, die Kosten der Kostenarten und Kostenstellen ganz bestimmten, einzelnen Leistungseinheiten zuzurechnen.
Jede Kostenrechnung sieht sich dabei vor Probleme eigener Art gestellt, die aus der Besonderheit des jeweiligen Betriebstyps einerseits und aus den Ansprüchen an den Grad der Genauigkeit der Rechnungsergebnisse andererseits erwachsen [115]; daher bedürfen auch manche theoretischen Einzelfragen einer mehr oder weniger umfangreichen Erörterung. Erst bei Kenntnis dieser Probleme läßt sich beurteilen, ob Verfahrensweisen, die man bereits allgemein als unzureichend abzulehnen pflegt – verwiesen sei dabei insbesondere auf die manchmal allzu globale Kritik an dem System der Vollkostenrechnung – nicht in bestimmten Fällen doch Verwendung finden könnten.
Die Einführung einer Kostenrechnung im Hochschulbereich soll in dieser Arbeit anhand von zwei großen Problemkreisen diskutiert werden, die als Kostenermittlung und Kostenauswertung gekennzeichnet sind. Dabei hat die erste Stufe, die der Kostenermittlung, deren Schwerpunkt die Kostenerfassung [116], d. h. die Sammlung aller kostenrelevanten Rechnungs- und Kalkulationsunterlagen ist, gleichermaßen zu klären, welche Rechnungsgrößen überhaupt Kostencharakter besitzen und welche Kostengrößen sodann im prak-

[113] Thiemeyer, T., a.a.O., S. 204.
[114] Vgl. hierzu z. B.: Dorn, G., Die Entwicklung der industriellen Kostenrechnung in Deutschland, Berlin 1961. – Henzel, F., Die Kostenrechnung, 4. Aufl., Essen 1964. – Kalveram, W., Industrielles Rechnungswesen III, Kostenrechnung, Wiesbaden 1969. – Kilger, W., Flexible Plankostenrechnung, 3. Aufl., Köln und Opladen 1967. – Koch, H., Grundprobleme der Kostenrechnung, Köln und Opladen 1966. – Kosiol, E., Kostenrechnung, Wiesbaden 1964. – Mellerowicz, K., Kosten und Kostenrechnung, Band 1–3, Berlin 1963. – Schönfeld, H. M., Kostenrechnung, Stuttgart 1961.
[115] Dorn, G., Aussagemöglichkeiten moderner Kostenrechnungsverfahren, in: Organisation und Rechnungswesen, hrsg. v. E. Grochla, Berlin 1964.
[116] Kosiol, E., Kostenrechnung, a.a.O., S. 131.

tischen Abrechnungsverfahren Berücksichtigung finden sollen. Es erscheint zweckmäßig, sich in einem daran anschließenden Exkurs auch mit der Frage der Kosteneinflußgrößen zu befassen, da es besonders für die Auswertung von Kosteninformationen von großem Interesse sein dürfte, zu wissen, welche Faktoren die Kosten einzelner akademischer Ausbildungswege bestimmen.

I. Institutionelle Hemmnisse der Kostenermittlung

Wie alles Neue auf Widerstand stößt, so stellen sich zunächst auch der Kostenrechnung innerhalb des Hochschulbereichs Hemmnisse in den Weg, die zu bedeutend sind, als daß sie übergangen werden könnten. Werden derartige Hemmnisse vereinzelt sogar als Grenzen angesehen, vor denen die wirtschaftliche und wirtschaftswissenschaftliche Denkweise haltmachen muß, so kann ein solcher Widerstand, der zum Teil nur psychologisch begründet ist, in der Mehrzahl der Fälle durch geschicktes Verhalten oder notfalls durch gewisse Formalanpassungen gebrochen werden.
Sieht man einmal von dem bereits erwähnten, äußerst hemmend wirkenden budgettechnischen Grundsatz der Spezialität ab, der vielleicht weniger als Hemmnis für die Einführung einer Kostenrechnung schlechthin, sondern vielmehr als Hindernis für ein daran anschließendes kostengerechtes Verwaltungshandeln anzusprechen ist, so sind als echte Hemmnisse zunächst die rechentechnischen Voraussetzungen des Hochschulabrechnungswesens hervorzuheben.
Das Rechnungswesen der Hochschulen wird charakterisiert durch das allen »öffentlich-rechtlichen Haushaltswirtschaften eigene System der Kameralistik« [117, 118], das in drei Ausprägungen mit zunehmender Differenzierung gehandhabt wird, und zwar entweder als einfache Verwaltungsbuchführung oder als verfeinerte Verwaltungsbuchführung oder schließlich als gehobene Kameralistik, wofür sich auch die Bezeichnung »Betriebskameralistik« durchgesetzt hat.
Begnügen sich sowohl die einfache Verwaltungsbuchführung als auch die verfeinerte Verwaltungsbuchführung, welche, wie die im Abschnitt F dargestellte praktische Kostenschätzung gezeigt hat, die zur Zeit höchste Verfeinerung des Universitätsrechnungswesens darstellen dürfte, damit, Rechenschaft über das haushaltsplangemäße Verausgaben bzw. Vereinnahmen der Mittel, d. h. über die Mittelherkunft und Mittelverwendung, abzulegen, wobei die verfeinerte Kameralistik erste Versuche macht, Ansätze einer Erfolgsrechnung zu übernehmen, wenn sie im Jahresabschluß »Restgrößen« (Ausgaben- und Einnahmenreste) in Form des Unterschiedsbetrages zwischen Sollwerten und tatsächlich eingetretenen Istwerten als finanzwirtschaftlichen »Erfolg« anführt, so müssen dabei wesensmäßig ganz andere, heute allerdings mindestens ebenso wichtige Ziele, wie die der Betriebs- und Wirtschaftlichkeitskontrolle, zurücktreten [119].
Für eine Kostenrechnung, die mit ihren kalkulatorischen Kostenarten über das reine Ausgabendenken hinausgeht, fehlen allerdings damit die in den Rechnungswesen der privaten Wirtschaft sofort verfügbaren Ausgangsdaten, wie etwa Vermögensrechnungen bzw. Vermögensverteilungen auf einzelne Betriebsabteilungen.

117 SCHACHTNER, M., a.a.O., S. 233.
118 Vgl. zur Kameralistik z. B.: [illegible], O. F., Die [illegible] Betriebskameralistik — eine Untersuchung über den Zusammenhang zwischen Kameralistik und Doppik, in: Die Wirtschaftsprüfung, Jg. 19 (1966), Heft 14/15, S. 389 ff. HELD, G., Theorie der Kameralrechnung, Wiesbaden 1951. JOHNS, R., Kameralistik, Grundlagen einer erwerbswirtschaftlichen Rechnung im Kameralstil, in: Die Handelshochschule, Wiesbaden 1951. SCHNETTLER, A., Öffentliche Betriebe, Essen 1956. v. WYSOCKI, K., Kameralistisches Rechnungswesen, Stuttgart 1965.
119 SCHNETTLER, A., Betriebe, öffentliche Haushalte und Staat, Berlin 1964, S. 80 f.

Eine Erweiterung des Rechnungswesens auf das System der Betriebskameralistik, das zusätzlich zu den Einnahme- und Ausgabevorgängen und ihren zeitlichen Abgrenzungen selbstverständlich auch alle »Nichtgeldvorgänge« [120] wie Abschreibungen und kalkulatorische Zinsen berücksichtigt, würde diesen Mangel zwar abstellen, da wie im Falle eines privatwirtschaftlichen Rechnungswesens, in dem Finanzbuchführung und Betriebsbuchführung miteinander verknüpft sind [121], die Kostenbeträge für jeden Abrechnungszeitraum gewissermaßen automatisch anfallen [122, 123]; werden aber allein Kosteninformationen benötigt, so ist eine derart gravierende Umstellung, mit der zugleich ein verhältnismäßig komplizierter Jahresabschluß verbunden wäre, nicht unbedingt notwendig. Kosteninformationen lassen sich vielmehr auch dann gewinnen, wenn neben der verfeinerten Verwaltungsbuchführung gesonderte Vermögensrechnungen erstellt werden, auf Grund deren Abschreibungen und Zinsen kalkulatorisch ermittelbar sind.
Festzuhalten bleibt somit, daß die Kameralistik einer Kostenrechnung nicht widerspricht, wie oft angenommen wird, sondern höchstens in ihrer einfachen Form nicht genügt. Sie kann jedoch mit verhältnismäßig geringem Aufwand kostenmäßig erweitert werden [124].
Psychologische Widerstände gegen das Kostendenken auf seiten des Verwaltungspersonals ergeben sich einmal dadurch, daß in diesen Kreisen bereits die Kenntnis wirtschaftswissenschaftlicher Grundbegriffe sehr zu wünschen übrig läßt; wie sich bei der zitierten praktischen Untersuchung herausstellt, wurden die Begriffe »Auszahlungen«, »Ausgaben«, »Aufwand« und »Kosten« meist als Synonyma verwandt. Zum anderen dürften sich psychologische Widerstände auch aus der Angst vor den gegenüber dem bisherigen Zustand nachweislich erreichbaren Verbesserungen und den damit ermöglichten Vorwürfen ergeben, warum nicht rechtzeitiger rationalisiert wurde [125]; ein Zustand, der durch eine bewußte Annäherung von staatshoheitlichem Denken [126] und ökonomischem Denken, wenn auch vielleicht nicht über Nacht, so doch sicherlich im Laufe der Zeit und unter Aufbringung von etwas Geduld abgestellt werden könnte.

II. Die Kostenarten

Sieht man von den genannten Schwierigkeiten ab, die die Kostenerfassung im Hochschulbereich gegenüber der eines ausgebauten industriellen Rechnungswesens lediglich komplizierter, keinesfalls aber undurchführbar machen, da auch da, wo heute keine abrechnungsbedingten Daten anfallen, jederzeit Sonderrechnungen aufgestellt werden können, dann sind als erstes alle in den Hochschulen und Hochschulkliniken anfallenden Kosten, getrennt nach unterschiedlichen Kostenarten für eine Rechnungsperiode, d. h. zweckmäßigerweise für ein Jahr – obgleich der Zeitraum der Kostenerfassung prinzipiell von Haushaltsabrechnungszeiten unabhängig ist – zu erfassen.

[120] Schachtmer, M., a.a.O., S. 235.
[121] Wöhe, G., a.a.O., S. 674 ff. und 678 ff.
[122] Kalveram, W., Industrielles Rechnungswesen III, a.a.O. Vgl. insbesondere: Zusammenhang zwischen Buchhaltung, Betriebsabrechnung und Kostenrechnung, S. 372 ff.
[123] Die Betriebskameralistik trennt die erfolgswirksamen von den erfolgsunwirksamen Vorgängen nach betriebswirtschaftlichen Maßstäben und verbindet die Vermögensrechnung so organisch mit dem Rechnungssystem; vgl. Schnettler, A., Öffentliche Betriebe, a.a.O., S. 195 ff.
[124] Elfert, F. W., Wie lassen sich kaufmännisch-betriebswirtschaftliche Gedanken zur Frage der Vermögenserhaltung auf die öffentliche Finanzwirtschaft sinngemäß anwenden?, Göttingen 1958, S. 51.
[125] Badenhoop, R., Die kommunale Rationalisierung 1958–1960. Sonderdruck der kommunalen Gemeinschaftsstelle für Verwaltungsvereinfachung, Köln 1960, S. 2.
[126] Weichmann, H., Zielsetzung der Verwaltungsreform in der Gegenwart, in: Verwaltungsarchiv, Zeitschrift für Verwaltungslehre, Verwaltunggsrecht und Verwaltungspolitik, 48. Jg. 1957, S. 116.

Bietet die Betriebswirtschaftslehre für die Gliederung der Kostenarten verschiedene Kriterien an [127], so dürfte es für die Kostenartenrechnung im Hochschulbereich ratsam sein, auf die Einteilung nach der Kostenentstehung, wie K. MELLEROWICZ [128] es vorgeschlagen hat, zurückzugreifen, wobei zusätzlich erkennbar sein sollte, ob es sich um pagatorische, d. h. periodengerecht abgegrenzten Zahlungen entsprechende, oder kalkulatorische, d. h. von Zahlungsvorgängen unabhängige Kosten handelt. Das ist nicht etwa allein deshalb wünschenswert, weil man sich nicht eindeutig im klaren darüber wäre, ob kalkulatorische Kosten überhaupt mitberücksichtigt werden sollen oder nicht [129]; diese Frage müßte längst positiv entschieden sein. Die Trennung in pagatorische und kalkulatorische Kosten ist vielmehr auch deshalb von Vorteil, weil damit der heute immer noch rein ausgabenorientierten Finanzstatistik, deren Entwicklung auf eine erweiterte Interpretation der Haushaltsgebarung abzielt, die pagatorischen Kostenarten zu einer intensiveren Information der Öffentlichkeit mühelos entnommen werden könnten.

a) Pagatorische Kostenarten

Zu den pagatorischen Kostenarten im Hochschulbereich zählen als erstes alle Kosten, die mit der Einstellung von Arbeitskräften anfallen. Sie können ganz grob in die Kosten des wissenschaftlichen und die des Verwaltungspersonals eingeteilt werden.
Die Kosten des wissenschaftlichen Personals setzen sich ihrerseits zusammen aus den regulären jährlichen Bezügen der Ordentlichen und Außerordentlichen Professoren, der Lehrbeauftragten etc., den Bezügen der beamteten und nichtbeamteten Hilfskräfte sowie den sogenannten Personalnebenkosten; hierbei handelt es sich um Zahlungen wie Spesenersatz und gesonderte Unterrichts- und Hörergelder, die über die regulären Gehälter hinausgehen. Ob allerdings auch die Verrechnung sonstiger Sozialleistungen (Essenszuschüsse und Warenverbrauch in Form von Realentgelten) hierher gehören, wie man hinsichtlich der Behandlung entsprechender Größen in der von H. RIESEN [130] für Schulen und Internate konzipierten Kostenrechnung der Meinung sein könnte, muß schon allein vom Gliederungskriterium der Kostenarten her als problematisch angesehen werden.
Eindeutiger dürften demgegenüber jedoch die Bezüge der emeritierten Professoren als Kosten des Wissenschaftlichen Personals gelten, obwohl sie dem Kostencharakter insoweit zu widersprechen scheinen, als sie auf den ersten Blick nichts mit der Leistungserstellung der Periode zu tun haben. Dem kann jedoch entgegengehalten werden, daß mit der Emeritierung lediglich die Lehrverpflichtung entfällt, die Berechtigung zur Weiterführung von Lehre und Forschung dagegen in vollem Umfange weiterbesteht. Selbst dann, wenn sich ein Professor ganz aus dem Universitätsdienst zurückzieht, könnte man noch der Auffassung sein, daß die Kosten des aktiven Personals in der jeweiligen Rechnungsperiode um die später anfallenden, zeitlich abzugrenzenden Altersbezüge, die natürlich je nach der Lebenserwartung unterschiedlich hoch ausfallen werden, zu niedrig sind, so daß als Äquivalent dafür die tatsächlichen Zahlungen an die Inaktiven angesehen werden können. Gewisse, zur Zeit jedoch nicht eindeutig lösbare Probleme ergeben sich in einem solchen Fall erst, wenn sich, was zweifellos zu erwarten ist, die Lebenserwartung weiter erhöht und das zahlenmäßige Verhältnis von wissenschaftlichem Personal zu Leistungseinheiten bei gleichbleibender Qualität verändert. Eine grundsätzliche Einbeziehung der Gehälter

127 Vgl. hierzu z. B.: KOSIOL, E., Kostenrechnung, a.a.O., S. 131, 133; SCHÖNFELD, H. M., Kostenrechnung, a.a.O., S. 22.
128 MELLEROWICZ, K., a.a.O., S. 37.
129 WESTPHAL, R., Zur Problematik der kalkulatorischen Kosten bei öffentlichen Einrichtungen, in: Der Gemeindehaushalt, Jg. 67 (1966), S. 155 ff.
130 RIESEN, H., Kostenstruktur und Rechnungswesen der Schulen und Internate, Bern 1954, S. 20 ff.

der Emeritierten in der genannten Weise entspricht im übrigen auch der Forderung der Bildungsökonomie, die davon ausgeht, daß die Bewertung der Kosten der wissenschaftlichen Lehrkräfte allein mit den in der Abrechnungszeit anfallenden Bezügen zu gering ist[131].

Die Kosten des Verwaltungspersonals bestehen aus den Bezügen der planmäßigen Beamten, der Angestellten und Arbeiter sowie aus den Personalnebenkosten, für die die bereits dargestellte Problematik gilt. Inwieweit auch die Pensionen etwa der Nichtprofessoren und die des inaktiven Verwaltungspersonals zu den jeweiligen Gruppen der Personalkosten gerechnet werden sollen, ist bisher ungeklärt. Im Grunde genommen gelten für sie, mit Ausnahme möglicher weiterer Dienste nach der Pensionierung, ähnliche kostenrechnerische Überlegungen wie im Fall der emeritierten Professoren.

Als ebenfalls pagatorische Kosten sind sodann die Materialkosten oder »Kosten des Betriebes und Unterhalts der Anlagen und Einrichtungsgegenstände«, wie man sie auch nennen könnte, zu erfassen. Unterscheidet die Betriebswirtschaftslehre dabei ganz global im einzelnen zwischen Kosten für Roh-, Hilfs- und Betriebsstoffe, so ist dieser Unterteilung, zumindest was den Faktor Rohstoffe anbelangt, für das Beispiel der Hochschulen, die sich als Dienstleistungsbetriebe primär mit der Ausbildung und nicht etwa mit der Bearbeitung und Umformung von Rohstoffen zu fertigen Produkten zu beschäftigen haben, unzweckmäßig. Hier wird eine Gliederung etwa in Materialkosten zur Durchführung klinischer, naturwissenschaftlicher, technischer und landwirtschaftlicher Ausbildungs- und Forschungsarbeiten, sowie in Büromaterialkosten und Materialkosten zur Häuser-, Geräte- und Grundstückspflege zu besseren Aussagen führen, auch wenn damit schon eine Gliederung der Kostenarten nach Kostenstellen vorgenommen wird.

Die Fremdleistungskosten setzen sich zusammen aus Transportkosten, Rechts- und Beratungskosten, Kosten für Strom, Gas und Wasser, Telefonkosten und Versicherungskosten; sie können, was ihre Erfassung anbelangt, weitgehend als unproblematisch angesehen werden.

Nicht so dagegen die Kosten der Studentenversorgung, die praktisch im Abrechnungswesen der Universitäten nicht mitberücksichtigt werden. Sie gehören jedoch eindeutig, wie auch die »sozialen Kosten« eines privatwirtschaftlichen Unternehmens als Kosten Verrechnung finden, zu den Kosten der Leistungserstellung. Eine Möglichkeit besteht eventuell darin, sie als Bestandteil der Kostenart »Fremdleistungskosten« zu berücksichtigen; vielleicht ist es jedoch von Vorteil, sie als eigenständige Kostenart »Kosten der Studentenversorgung« aufzuführen, um sie damit als spezifische Hochschulkostenart stärker zu akzentuieren.

Bleiben schließlich die pagatorischen Kosten »Abgaben«, die noch nach Beitrags- und etwaigen Steuerzahlungen gesondert aufgestellt werden könnten, so stellt sich der pagatorische Teil der Kostenartenrechnung damit zusammenfassend wie folgt dar:

A) Pagatorische Kosten

I. Personalkosten

a) Kosten des wissenschaftlichen Personals

1. Bezüge der Ordentlichen und Außerordentlichen Professoren, Lehrbeauftragten etc.
2. Bezüge der beamteten Hilfskräfte
3. Bezüge der nichtbeamteten Hilfskräfte
4. Personalnebenkosten
5. Bezüge der emeritierten Professoren und Pensionen der sonstigen inaktiven Wissenschaftler und Hilfskräfte

[131] Heilf, U., a.a.O., S. 46 f.

b) Kosten des Verwaltungspersonals

6. Bezüge der Beamten
7. Bezüge der Angestellten
8. Bezüge der Arbeiter
9. Personalnebenkosten
10. Pensionen des inaktiven Verwaltungspersonals

II. Materialkosten

11. Klinisches
12. Naturwissenschaftliches
13. Technisches
14. Landwirtschaftliches
15. Material zur Häuser-, Geräte- und Grundstückspflege
16. Büromaterial

Material zur Durchführung von Ausbildungs- und Forschungsarbeiten

III. Fremdleistungskosten

17. Transportkosten
18. Rechts- und Beratungskosten
19. Kosten für Strom, Gas und Wasser
20. Telefonkosten
21. Versicherungskosten

22. IV. Kosten der Studentenversorgung

23. V. Abgaben

Die praktische Erfassung der pagatorischen Kostenarten dürfte im allgemeinen kaum Schwierigkeiten bereiten, da mit Ausnahme der Daten über die Studentenversorgung, die in gesonderter Rechnungslegung in den Abschlüssen der Studentenwerke zusammengefaßt sind, alle benötigten Unterlagen dem Hochschulrechnungswesen auch für die Zusammenstellung der fortlaufenden Ausgaben der Haushaltsrechnungen dienen; lediglich Zahlungsvorgänge, die etwa in Form von Vorauszahlungen bzw. Nachzahlungen andere Perioden betreffen, müssen gesondert, und zwar leistungsbezogen, abgegrenzt werden.

b) Kalkulatorische Kostenarten

Im Gegensatz zu den pagatorischen Kostenarten erfordern die kalkulatorischen Kostenelemente eine eigene Ermittlung, da ihnen entweder kein Ausgaben- bzw. Aufwandcharakter zukommt oder aber ihre Bestimmung und Verrechnung als leistungsbezogene Verzehre nach anderen Grundsätzen und Verfahren als denen der periodenbezogenen Aufwandrechnung vorgenommen werden müssen [132]. Zu ihnen sind neben den im öffentlichen Bereich nicht auftretenden Kostengrößen »kalkulatorischer Unternehmerlohn« und »Wagniskosten« die Kapitalkosten »kalkulatorische Abschreibungen« und »kalkulatorische Zinsen« zu rechnen, die, soweit es die Zinsen betrifft, bisher in allen »Kosten«-, »Aufwand«- oder »Ausgaben«überlegungen für den Hochschulbereich überhaupt nicht zum Ausdruck kamen und die im Fall der Abschreibungen nur indirekt, nämlich dann

[132] SCHMITZ, H., Die Kostenrechnung der öffentlichen Binnenhäfen und Möglichkeiten eines kostenorientierten Preissystems, Düsseldorf 1967, S. 43.

Berücksichtigung fanden, wenn den fortlaufenden Ausgaben der Hochschulen auch die einmaligen, vermögenswirksamen Ausgaben zugeschlagen wurden; damit ist jedoch dem Kostencharakter noch nicht entsprochen worden.

Kalkulatorische Abschreibungen

Die kalkulatorischen Abschreibungen stellen im Gegensatz zu den bilanziellen Abschreibungen eines privatwirtschaftlichen Unternehmens Größen dar, die unabhängig von Aufwand- und Ertragsüberlegungen den Wert des Güterverzehrs und Leistungsbeitrags zum Ausdruck bringen sollen, der durch die Bereitstellung und Nutzung von langlebigen, betriebsnotwendigen Wirtschaftsgütern entsteht. Soll eine Kostenrechnung Leistungen mit Werten bewerten, die in der Wertskala einer Gesellschaft einen ganz bestimmten Rang haben, so ist es nicht zulässig, einige Werte einfach auszusparen. Wollte man Abschreibungen im öffentlichen Bereich unterschlagen, so käme das z. B. jener, ebenfalls unvollständigen, finanzwirtschaftlichen Denkweise gleich, die lange Zeit Erscheinungen wie die des sogenannten versteckten öffentlichen Bedarfs übersehen zu dürfen glaubte [133].

Den kalkulatorischen Abschreibungen sind freilich nur die betriebsnotwendigen Anlagegüter, d. h., das zur Leistungserstellung unbedingt erforderliche bewegliche und unbewegliche Vermögen zugrunde zu legen; Finanzanlagevermögen (Reserve- und Spekulationsvermögen) hat dagegen außer Betracht zu bleiben. Es kann allerdings davon ausgegangen werden, daß solches im Hochschulbereich ohnehin von untergeordneter Bedeutung ist, im Gegenteil, kurzfristig ungenutzte Sachanlagen etwa infolge eines niedrigeren Beschäftigungsgrades werden zweifellos noch zu betriebsnotwendigen Anlage-, wenn auch realen Ersatzanlagegütern zu rechnen sein [134].

Der Umfang der Abschreibungen wird nach K. Mellerowicz [135] durch drei Faktoren bestimmt, den Wertansatz, die Nutzungsdauer und das Abschreibungsverfahren. Dabei sind als Abschreibungsgüter zunächst solche, welche sich nicht verzehren, sondern lediglich Nutzungen bzw. Leistungen abgeben (unbebaute Grundstücke), von denen zu unterscheiden, die sich »ab«nutzen lassen, also Gebäude, Anlagen und Geräten.

Für die unbebauten Grundstücke gilt der Sonderfall einer unbegrenzten Nutzungsdauer, sieht man von den in der landwirtschaftlichen Praxis durchaus üblichen Regenerationskosten ab. Der Gegenwert ihrer Nutzung läßt sich am zweckmäßigsten ausdrücken in einem Zinsbetrag, der über die weiter unten gesondert angeführte Kostenart »kalkulatorische Zinsen« für gebundenes Kapital hinausgeht; dieser Nutzungszins ist jedoch nur ein näherungsweises Äquivalent für die Nutzung, die nicht in der bloßen Gebundenheit von Kapital, sondern eben in der Anlage dieses Kapitals in realen Grundstücken, welche die Grundlage für Erholung, Diskussionen und schließlich Anpassungen an kurzfristige Beschäftigungsänderungen bieten sollen, gesehen werden muß.

Abgesehen von der Frage, mit welchem dem Zinssatz zugrunde liegenden Wert die Grundstücke angesetzt werden sollen, ein Problem, das als allgemeines Bewertungsproblem auch für die abnutzbaren Wirtschaftsgüter gilt und im Zusammenhang mit ihnen an späterer Stelle eingehend behandelt wird, dürfte es nicht ganz leicht sein, in der Realität den richtigen Zinssatz zu ermitteln; es empfiehlt sich daher der Umweg, die Nutzung anhand kalkulierter Pachten zu konkretisieren. Dabei ist davon auszugehen, daß das Liegenschaftsvermögen in Grundstücke mit verschiedener Verwendung aufgeteilt werden kann, also z. B. Erholungs- und Parkgelände einerseits und landwirtschaftlich nutzbares Gelände (Versuchsgüter) andererseits, für die jeweils ortsübliche und zeitgemäße Pachtraten zum

[133] Schmölders, G., Finanzpolitik, 3. Aufl., Berlin usw. 1970, S. 176 f.
[134] Schmitz, H., a.a.O., S. 44.
[135] Mellerowicz, K., Abschreibungen in Erfolgs- und Kostenrechnung, Heidelberg 1957, S. 53.

Ansatz gebracht werden, wobei vorausgesetzt werden muß, daß diese Pachtraten kostendeckend sind. Dabei darf nicht übersehen werden, daß die Pachtraten sowohl die in dieser Arbeit gesondert behandelten Kosten »kalkulatorische Zinsen« als auch den Gegenwert für die Nutzbarkeit abgelten sollen; um Doppelzählungen zu vermeiden, müßte demnach der Anteil der Zinsen jeweils eliminiert werden.

Sollte es sich bei den ortsüblichen Pachtraten, die als Ergebnis des Marktmechanismus zustande gekommen sind, jedoch nicht um kostendeckende Pachten handeln, so dürften sie allerdings zur vorgeschlagenen Anwendung nicht geeignet sein, da sie dann für die Nutzenabgabe möglicherweise gar kein Äquivalent und für die Kapitalverzinsung eventuell nur ein Teiläquivalent wären.

Auch für die abnutzbaren Wirtschaftsgüter beginnt die Abschreibungsproblematik bei der Feststellung ihres Wertes, wobei als Wertansätze entweder der Vergangenheitswert (Anschaffungswert), der Gegenwartswert (Tageswert/Zeitwert) oder der Zukunftswert (Wiederbeschaffungswert) denkbar wären.

Sieht man die Funktion der Abschreibungskosten in der Erhaltung des Betriebsvermögens, dann kann man zwischen nomineller und materieller Kapital- bzw. Substanzerhaltung unterscheiden [136]. Im ersten Fall entsprechen sie den allein aufwands- und ertragsorientierten »Raten zur Amortisation« [137], im zweiten Fall umfassen sie Rücklagen für die Wiederbeschaffung von Anlagen. Eine nominelle, auf die Bilanzierung abzielende Kapitalerhaltung kann aber nicht Sinn der Kostenrechnung sein, denn auf diese Weise würden historische Anschaffungspreise als Kosten verrechnet, die im Fall von Preissteigerungen nicht dem Wert entsprechen, der in die neu zu erstellende Staatsleistung eingehen und damit ihren Wert prägen muß.

Gegen den Wiederbeschaffungswert lassen sich sogar gleich zwei Einwände erheben. Einmal dürfte nicht genau festzustellen sein, wann der Ersatzzeitpunkt anzusetzen ist und wie hoch zu diesem Zeitpunkt die Preise des entsprechenden Gutes sein werden, zum anderen würde durch den Ansatz von Wiederbeschaffungswerten in der Kostenrechnung die zukünftige Preisentwicklung vorweggenommen, da z. B. bei erwarteter Preissteigerung mehr abgeschrieben wird als dem effektiven Wertabgang entspricht, ein Umstand, auf den in ähnlicher Weise schon F. Schmidt [138] hingewiesen hat.

Daraus folgt, daß allein der Tageswert als maßgeblicher Gegenwartswert Grundlage der Abschreibungskosten sein kann, wobei diejenigen Anlagen, die noch in unveränderter Art hergestellt werden, zu den jeweiligen Marktpreisen des Rechnungsdatums bewertet werden können, wogegen im Fall solcher Anlagen und Geräte, die inzwischen technisch derart verbessert wurden, daß sie leistungsfähiger geworden sind, der entsprechende Marktpreis um denjenigen Betrag zu kürzen ist, der der Mehrbelastung moderner Maschinen entsprechen würde.

Für Anlagen und Geräte, die in ihrer Art praktisch überhaupt nicht mehr produziert werden, sind Schätzungen des Tageswertes durchzuführen, und zwar dergestalt, daß unter fachkundiger Beurteilung kalkuliert wird, was die Herstellung des entsprechenden Gerätes zum Bewertungszeitpunkt kosten würde. Da die beweglichen Vermögensgegenstände der Hochschulen in der Praxis zur Zeit ohne Rücksicht auf etwaige Preisveränderungen oder Abnutzungen zum Anschaffungswert, der ein einziges Mal um eine 50 %ige Sofortabschreibung berichtigt wird, verbucht werden, eignen sie sich nach dem bisher Gesagten also nur insofern als Abschreibungsgrundlage, als sie rein stückzahlenmäßig Auskunft über das Inventar geben können.

[136] Schmitz, H., a.a.O., S. 46 ff.

[137] Riebel, P., Die Problematik der Normung von Abschreibungen, in: Der Betrieb, 13. Jg. 1960, S. 729.

[138] Schmidt, F., Die organische Tageswertbilanz, 4. Aufl., Wiesbaden 1951, S. 198.

Auf Schätzungen muß gleichermaßen auch bei solchen Gütern zurückgegriffen werden, die in ihrer Art mit anderen Gütern unvergleichbar sind, also z. B. Gebäude, die meist für ganz spezielle Zwecke gebaut worden sind. Da zu der Bewertungsproblematik allerdings später auch noch die Frage der potentiellen Nutzungsdauer kommt, ist zu überlegen, ob man nicht am besten so verfährt, kalkulatorische Mieten, die noch um den in ihnen enthaltenen Anteil kalkulatorischer Zinsen und etwaiger Instandhaltungskosten bereinigt werden müßten, als Abschreibungsersatz auf Gebäude in Rechnung zu stellen.
Die Voraussetzung dafür ist allerdings, daß, wie im Fall der Pachten, ortsübliche und zeitgemäße Vergleichsmieten existieren, die kostendeckend sind. Dabei sind natürlich unterschiedliche Mietsätze, je nachdem, welchen Zwecken die jeweiligen Gebäude dienen, anzunehmen. Sollte auf Mieten jedoch nicht zurückgegriffen werden können, sind unter Hinzuziehung sachverständiger Architekten Werte und Nutzungsdauern der Gebäude zu schätzen.
Die Nutzungsdauer des beweglichen Vermögens wird bestimmt [139] einmal durch die technische und wirtschaftliche Überholung [140] und zum anderen durch den Zeit- und Gebrauchsverschleiß. Daß die Lebenszeit noch funktionierender Geräte und Einrichtungsgegenstände ex definitione dann ausgelaufen ist, wenn neue Anlagen in der Lage sind, technisch andere, weiter entwickelte Leistungen abzugeben, liegt auf der Hand; ebenso sollte aber in wirtschaftlicher Hinsicht der Einsatz technisch durchaus noch betriebsfähiger Anlagen und Geräte dann beendet werden, wenn die Selbstkosten einer neuen Anlage einschließlich Kapitaldienst (Abschreibungen und Zinsen) geringer sind als die Selbstkosten der alten Anlage ausschließlich Kapitaldienst.
Der Zeitverschleiß beinhaltet im Gegensatz zum Gebrauchsverschleiß eine Wertminderung, die unabhängig von der Beschäftigung durch physikalische und chemische Vorgänge im Zeitablauf entsteht (z. B. Korrosion). Zeit- und Gebrauchsverschleiß bestimmen die Nutzungsdauer derart, daß die Nutzungskapazität kontinuierlich oder sukzessive bis zu einem Grad abnimmt, bei dem das Wirtschaftsgut unbrauchbar geworden ist.
Die Abschreibungsbeträge eines jeden Kostenrechnungszeitraums ergeben sich nach alledem als Division der Tageswerte durch die Nutzungsdauer. Da die Entwicklung des Nutzungsgrades innerhalb einer festliegenden Gesamtnutzungszeit unterschiedlich verlaufen kann oder aber sich die Nutzungszeit selbst bei wirtschaftlicher und technischer Überholung etwa von den vorausgeschätzten Werten stark entfernen dürfte, liegt es nahe, keine konstanten, also für jede Periode gleichmäßigen Abschreibungsbeträge zum Ansatz zu bringen, sondern auf degressive oder andere Methoden [141] zurückzugreifen. Ob die Rechnung dadurch jedoch nicht zu kompliziert wird, oder aber ob ihr von der Abschreibungstechnik her nicht eine Genauigkeit beigemessen wird, die eigentlich in keinem Verhältnis zu den den Methoden zugrunde liegenden Ausgangsdaten steht, bleibe dahingestellt.
Die Abschreibungsproblematik im Hochschulbereich dürfte in der Praxis zunächst jedenfalls schon in vollkommen ausreichendem Maße berücksichtigt werden, wenn man die abzuschreibenden Wirtschaftsgüter aufteilt in Klinikgebäude, Institutsgebäude, Allg. Hörsaalgebäude und Verwaltungsgebäude sowie klinische, naturwissenschaftliche, technische Einrichtungen und Büroeinrichtungen, Geräte und Anlagen und für diese, soweit sich bei den Gebäuden keine vergleichbaren Mieten ermitteln lassen, Tageswerte feststellt und durchschnittliche Nutzungsdauern schätzt, auf Grundlage deren konstante Abschreibungsbeträge ermittelt werden können.

[139] Schmitz, H., a.a.O., S. 44 ff.
[140] Schneider, D., Die wirtschaftliche Nutzungsdauer von Anlagegütern als Bestimmungsgrad der Abschreibungen, Köln und Opladen 1961, S. 5 ff.
[141] Wöhe, G., a.a.O., S. 564 ff.

Kalkulatorische Zinsen

Läßt sich die Höhe der Abschreibungen entsprechend technischen und betriebswirtschaftlichen Gesichtspunkten verhältnismäßig eindeutig klären, so stellen kalkulatorische Zinsen für im Hochschulbereich gebundenes Volksvermögen ein Problem entschieden größerer theoretischer Bedeutung dar; sie sind nicht umsonst seit langem Gegenstand wissenschaftlicher Diskussionen [142].

Wenn z. B. E. THIESS bei der Erörterung des Problems der Bewertung öffentlichen Vermögens feststellte, »schwieriger (als die Ermittlung von Abschreibungen, Anm. d. Verf.) ist noch die Frage, ob das investierte Eigenkapital mit kalkulierten Zinsen belastet werden soll. Was bei werbenden Zwecken dienendem Vermögen richtig sein mag, halte ich bei einnahmeunfähigem Zuschußvermögen für verfehlt, zumal es künftig nur aus vorhandenen Mitteln angeschafft werden soll« [143], dann wird ein ablehnendes Motiv deutlich: man hält die Kalkulation eines Zinses für öffentliches Vermögen deshalb für unzulässig, weil es nicht der Erzielung eines finanziellen Ertrages [144] oder Gewinns, sondern »höheren Zwecken« dient.

K. H. HANSMEYER und D. FÜRST [145] dagegen vertreten darüber hinaus den Standpunkt, daß »Eigenkapitalzinsen« im öffentlichen Bereich auch aus dem Grund nicht zu kalkulieren seien, weil einmal die Kapitalgeber zugleich auch die Benutzer der mit diesen Mitteln erstellten Leistungen sind, für welche es jedoch wenig interessant wäre, sich selbst Zinsen zu bezahlen [146], und zum anderen dem Eigenkapitalzins im öffentlichen Sektor kaum jene absolute Lenkungsfunktion zuerkannt werden könne, die im Fall der Privatwirtschaft die Kostenfaktoren über den Marktpreis ihrer optimalen Verwendung zuführe. Eine zumindest »relative« Lenkungsfunktion kann jedoch dem kalkulatorischen Zins auch im öffentlichen Bereich nicht abgesprochen werden, die dann von ausschlaggebender Bedeutung ist, wenn zwischen verschiedenen Verwendungsformen des Vermögens, die politisch bzw. bildungspolitisch die gleiche Relevanz haben, die kostengünstigere bevorzugt wird.

Zusätzlich dazu wird die Forderung nach Berücksichtigung eines kalkulatorischen Zinses noch durch solche Stimmen gestützt, die ganz allgemein den Ansatz eines Zinses in jenem Einsatzbereich des öffentlichen Vermögens als voll gerechtfertigt ansehen, in dem die staatlichen Aufgaben auch durch Privatinitiative erfüllt werden könnten. Die Hochschulen, die zumindest in anderen Ländern [147] bereits im Wettbewerb mit privaten Ausbildungsstätten stehen, gehören sicherlich zu einem derartigen Substitutionsbereich öffentlicher Aufgabenerfüllung. Unterteilt man nach R. A. MUSGRAVE die öffentlichen Bedürfnisse in »social wants« einerseits und »merit wants« andererseits, so würde – das gilt insbesondere für die amerikanischen Verhältnisse – der Trend zu Privatinstitutionen zunehmend auch die Forderung nach Eingliederung der akademischen Ausbildung in den Bereich der »merit wants« implizieren. Ein möglicher Ansatz, die Berechnung von Eigenkapitalzinsen in solchen Fällen grundlegend zu rechtfertigen, könnte demnach darin bestehen, sie an den Tatbestand der »merit wants« zu koppeln [148]. Ganz abgesehen davon,

142 Vgl. hierzu z. B.: FRICKE, G., Grundlagen und Technik der kalkulatorischen Zinsverrechnung, Diss. Köln 1958. HEINEN, E., Zum Problem des Zinses in der industriellen Kostenrechnung, Köln usw. 1952.

143 THIESS, E., Reich und Länder, 10. Jg., Berlin 1936, S. 82.

144 LEIMICH, P., Die Vermögensrechnung der öffentlichen Hand, Heft 3 der Schriften zur Verwaltungslehre, hrsg. v. Werner Thieme, Köln 1968, S. 192.

145 HANSMEYER, K. H., FÜRST, D., Die Gebühren, Köln 1968, S. 127 f.

146 Dieses Argument gilt übrigens nur dann, wenn die Zahler auch die Nutznießer sind.

147 In den USA besteht die Konkurrenz zwischen Privat- und Staatsuniversität schon seit längerer Zeit; 1968 z. B. wurden bereits 65 der 159 US-amerikanischen Universitäten privat geführt. Vgl. Digest of Educational Statistics, USA 1969, Table 109, S. 79.

148 MUSGRAVE, R. A., Finanztheorie, a.a.O., S. 15 f.

wäre der Staat dann, wenn er selbst über keine Vermögensgüter verfügt, gezwungen, die zur Erstellung der Ausbildung notwendigen Anlagen vom privaten Sektor anzumieten, ein Fall, in dem er Eigenkapitalzinsen nicht nur kalkulieren, sondern sogar bezahlen müßte.

Spricht nach alledem mehr für als gegen die Berücksichtigung einer kalkulatorischen Verzinsung des gebundenen Vermögens, so stellt sich noch die Frage nach der Höhe des Zinsfußes. Es erscheint dabei als gerechtfertigt, wenn er dem vom Kapitalmarkt für langfristige Kapitalanlagen gesetzten Zins, also etwa dem sogenannten »landesüblichen Zins«[149, 150] entspricht. Dieser schwankte in den letzten 20 Jahren in Deutschland um 6 %, ein Wert, der auch von den kalkulierten Zinsen von T. W. SCHULTZ[151] nicht allzuweit abweicht.

In Ergänzung zum Katalog der pagatorischen Kosten ergibt sich dann für den kalkulatorischen Teil der Kostenartenrechnung folgende Zusammenfassung:

B. Kalkulatorische Kosten

VI. Kalkulatorische Abschreibungen

a) auf Gebäude

24. Klinikgebäude
25. Institutsgebäude
26. Allg. Hörsaalgebäude
27. Verwaltungsgebäude

b) auf Anlagen und Geräte

28. klinische Einrichtungen
29. naturwissenschaftliche Einrichtungen
30. technische Einrichtungen
31. Büroeinrichtungen

32. c) Nutzungszinsen auf unbebaute Grundstücke

33. VII. Kalkulatorische Zinsen auf das gebundene öffentliche Vermögen

[149] Vgl. hierzu auch die allgemeinen Abhandlungen über »die Verzinsung der Investitionen«, in: Bericht über die Kosten der Wege des Eisenbahn-, Straßen- und Binnenschiffsverkehrs in der BRD (Wegekostenanalyse), Heft 34 der Schriftenreihe des Bundesministers für Verkehr, Bad Godesberg 1969.

[150] MÜLLER-LÖFFELHOLZ, Banklexikon, Wiesbaden 1969, S. 1190: »Landesüblicher Zinsfuß, der für erstklassige sichere Kapitalanlagen zu erzielende Zins. Man kann ihn aus dem Durchschnitt der Effektiv-Zinssätze für Staatsanleihen, Pfandbriefe und erststellige Hypotheken berechnen. Häufig begnügt man sich mit einem dieser Sätze. Alle akzessorischen Bestandteile des Zinses (Risikoprämie u. dgl.) sollen dabei ausgesondert werden (reiner Zins).«

[151] SCHULTZ, T. W., Education and Economic Growth, in: HENRY, N. B., Social Forces Influencing American Education, Part. II, Chicago 1961, S. 85. Vgl. hierzu auch MÜLLER, R., a.a.O., S. 13, Fußnote 1: »Schultz setzt für Abschreibungen und Zinsen ... zusammen einen Satz von 8 % vom jeweiligen Restbuchwert der Anlagen. Diese verteilen sich wie folgt: Schultz nimmt an, daß 20 % des Vermögens aus Grund und Boden bestehen, 72 % aus Gebäuden und 8 % aus Einrichtungsgegenständen. Von Grund und Boden finden keine Abschreibungen statt, bei den Gebäuden betragen sie jährlich 3 %, und die Einrichtungsgegenstände werden mit 10 % abgeschrieben. Hinzu kommt eine (kalkulatorische) Verzinsung von 5,1 %. Pro 100 Dollar Vermögen entstehen dann folgende Kosten: Verzinsung 5,10; Abschreibungen 2,16; Einrichtungen 0,80 = 8,06 Dollar. – Im College- und Universitätsbetrieb entfallen 15 % des Vermögens auf Land, 70 % auf Gebäude und 15 % auf die Einrichtung. Von den Gebäuden werden 2 % und von der Einrichtung 10 % jährlich abgeschrieben. Bei einer *(kalkulatorischen)* Verzinsung von 5,1 % erhält man auch hier einen Kostensatz von insgesamt 8 %.

Da die praktische Erfassung der kalkulatorischen Kostenarten mit wenigen Ausnahmen (Umweg der Mieten und Pachten) auf eine genaue Vermögensrechnung zu Tageswerten angewiesen ist, steht und fällt sie mit der Brauchbarkeit derartiger Rechnungen. Die Bewertung des öffentlichen Vermögens stellt aber, ebenso wie die Kostenrechnung selbst, ein zur Zeit noch viel diskutiertes Novum im öffentlichen Bereich dar; erst von den positiven Ergebnissen dieser Diskussion wird letztlich auch die Qualität der Kostenrechnung im Hochschulbereich profitieren können.

III. Exkurs: Die Kosteneinflußgrößen

Gibt die Kostenrechnung nur Aufschluß darüber, aus welchen verschiedenen Kostenbestandteilen sich die Gesamtkosten der Hochschule zusammensetzen, dann ist damit noch nichts gesagt über die Gründe, warum die Kosten genau diese und keine andere Höhe haben. Erst die Kenntnis der Kosteneinflußgrößen hilft diese Frage beantworten.
Die Abgrenzung und Systematisierung von Kosteneinflußgrößen [152] kann entweder überwiegend kostentheoretische oder überwiegend kostenrechnerische Gesichtspunkte berücksichtigen, wobei die zuletzt genannte Zielsetzung besonders für die Zwecke der Kostenkontrolle von Vorteil ist [153]. Ist neben dem Umfang, in dem die Einflußfaktoren auf das Kostenniveau einwirken, für diese Kontrolle vor allem von Interesse, welche Kosten von einer Betriebs- bzw. Verwaltungsleitung beeinflußt werden können und welche nicht, so empfiehlt sich für die Kosten im Hochschulbereich die Anlehnung an die Gliederung E. Heinens in »regulierbare« und »nichtregulierbare« Kosteneinflußgrößen, wobei der Tatbestand des Nichtregulierbaren freilich in dieser Arbeit nicht wie bei E. Heinen absolut (Jahreszeiten, oszillierende Schwankungen der Faktorqualitäten etc.), sondern ausschließlich relativ verstanden werden soll; relativ deshalb, als sie nur dann als regulierbar gelten, wenn etwa die Hochschulverwaltungen auf sie einwirken können, ohne daß größere bildungspolitische Entscheidungen (z. B. Kapazitätserweiterung einer Hochschule durch Neubau, Standortverlegung etc.) dazu notwendig sind.

a) Nichtregulierbare Kosteneinflußgrößen

Welche nichtregulierbaren Kosteneinflußgrößen bestimmen nun unabhängig von der fachlichen Eigenart des Studienablaufs und unabhängig von der betriebsinternen Hochschulorganisation die Ausbildungskosten eines jeden Studiengangs?
Ganz abgesehen davon, daß auch die Einflußgröße »Faktorpreise« von Bedeutung sein muß, da der Kostenbegriff wertmäßig definiert ist, zählen zu den nichtregulierbaren Kosteneinflußgrößen zunächst einmal die Größe der Hochschule, von der die Kapazität oder »Leistungsfähigkeit«, wie F. Henzel sie nennt [154], abhängt. J. H. Olivera [155] z. B.

[152] Die Betriebswirtschaftslehre hat auch hierfür verschiedene Kosteneinflußkategorien entwickelt, wovon neben den Diskussionsbeiträgen von F. Henzel und F. Kilger besonders die Einflußfaktoren E. Gutenbergs hervorzuheben sind, die ihrerseits von E. Heinen nicht unwesentlich ergänzt werden konnten. Vgl. hierzu insbesondere: Gutenberg, E., Grundlagen der BWL, a.a.O., S. 322. Heinen, E., Betriebswirtschaftliche Kostenlehre, a.a.O., S. 481 ff. Kilger, W., Der theoretische Aufbau der Kostenkontrolle, in: ZfB 1959, S. 467 ff. Henzel, F., Kosten und Leistung, a.a.O., S. 154 ff.

[153] Heinen, E., Betriebswirtschaftliche Kostenlehre, a.a.O., S. 496.

[154] Henzel, F., Kosten und Leistung, a.a.O., S. 76 ff.

[155] Olivera, J. H., a.a.O., S. 53 f. Olivera traf seine Feststellungen auf Grund der Verhältnisse an der »Mammut«-Universität von Buenos Aires, die mit ca. 80 000 Studenten die bisher als optimal angesehenen Studentenzahlen (10 000–15 000) weit übertrifft. Vgl. auch Fessel, G., Universitätsplanung in den USA, in: Deutsche Universitätszeitung, Frankfurt, Jg. 12, S. 4, sowie Robbins-Report, a.a.O., S. 290.

unterstreicht diese Tatsache mit der Feststellung, daß die Kosten – analog zur ökonomischen Produktionstheorie – der Universität von einem gewissen Punkt an mit steigender Betriebsgröße zunehmen; je mehr die Hochschulgröße zunehme, desto komplexer und komplizierter würden auch die Probleme der akademischen Verwaltung. Neben anderen Konsequenzen habe das eine kostspielige Bürokratie und eventuell sogar eine Aufteilung des Standortes mit sichtbaren Mehrkosten zur Folge, ganz abgesehen von der Qualität der Leistung, die durch die fehlende Gemeinschaft von Professoren und Studenten zwangsläufig abnehmen müsse und somit ein zusätzliches Mehrkostencharakteristikum darstelle.
Sodann sind aber auch Alter und Standort der Hochschule Faktoren, die sich kostenmäßig auswirken dürften. Hochschulen älteren Baujahres arbeiten, soweit es z. B. die Kostenanteile für Gebäude- und Gerätenutzung anbelangt, jedenfalls mit geringeren Kosten als moderne Institutionen [156], was freilich zu Lasten der Ausbildungsqualität gehen dürfte und somit durchaus kompensiert werden kann. Eine billige, aber schlechte Ausbildung kann jedoch kaum das Ziel der Hochschulpolitik sein, zumal ein vergleichsweise höheres Ausbildungsniveau, das mit den gleichen Kosten einer niedrigeren Qualität »hergestellt« werden kann, relativ kostengünstiger ist.
Kostenunterschiede auf Grund verschiedener Hochschulstandorte dürften sich mit Ausnahme der ohnehin unbedeutenden Kostenart »Reisekosten« im wesentlichen durch Bewertungsunterschiede ergeben, die im Fall der »kalkulatorischen Zinsen« und eventueller »kalkulatorischer Mieten« allerdings sehr stark zu Buche schlagen können. Nicht nur aus Gründen der besser gesicherten Arbeitsruhe, sondern auch aus Kostenerwägungen sollte demzufolge bei der Neuplanung von Hochschulen Projekten »auf der grünen Wiese« gegenüber solchen in grundstücksmäßig teuren Innenstädten der Vorrang gegeben werden.
Lassen sich die bisher genannten Faktoren vielleicht auch als institutionelle Daten bezeichnen, da sie, mehr oder weniger technisch bedingt und von der auszubildenden Person des Studenten unabhängig sind, so ist eine demgegenüber völlig andersgeartete, ebenfalls nichtregulierbare Kosteneinflußgröße zweifellos in der Begabung und der Ausbildungsfähigkeit der Studierenden zu erblicken, eine Einflußgröße, die in der Terminologie E. Gutenbergs und W. Kilgers vielleicht als Kosteneinflußgröße »Faktorqualität« anzusprechen ist [157]. Davon abgeleitet sind die später noch aufgeführten Größen »Studiendauer« und »Versagerquote«.
Ob auch die Beschäftigung zu den nichtregulierbaren Kosteneinflußgrößen gehört, erscheint nur insoweit eindeutig beantwortbar, als die Hochschulverwaltungen bisher jedenfalls den Zustand einer vermeintlichen Überbeschäftigung durch Einführung des »Numerus clausus« zu verhindern und damit zu beeinflussen wußten. Sollte es ihnen in Zukunft auch ganz allgemein möglich sein, etwa unterbeschäftigte Ausbildungskapazitäten derart auszulasten, daß Studierende des gleichen Fachs an überbeschäftigten Hochschulen gar nicht erst zugelassen, ja Immatrikulierte z. T. sogar von ihnen abgezogen werden, wie es im Fach Medizin schon als Folge der anhaltenden, akuten Engpaßsituation seit Jahren der Fall ist, oder sollten sie sogar in der Lage sein, die Ausbildung in einzelnen Fächern an verschiedenen Hochschulen zur Ausbildung an einer Hochschule, bei optimaler Kapazi-

[156] Fauth, G., Ein Studienplatz . . ., a.a.O., S. 3 f.
[157] Neuere Untersuchungen lassen allerdings berechtigte Zweifel an dem »Datencharakter« von Begabung und Lernfähigkeit aufkommen, womit auch die definitionsgemäße Einordnung dieser Größen in den Bereich der nichtregulierbaren Kosteneinflußgrößen problematisch erscheint. Vgl. hierzu: Brinkmann, G., Berufsanforderungen . . ., a.a.O., S. 5. Aebli, H., Die geistige Entwicklung als Funktion von Anlage, Reifung, Umwelt- und Erziehungsbedingungen, in: H. Roth (Hrsg.), Begabung und Lernen (Deutscher Bildungsrat, Gutachten und Studien der Bildungskommission 4), Stuttgart 1969, S. 161–191. Strümpel, B., Volkswirtschaftliche Kriterien . . ., a.a.O., S. 167.

tät und Beschäftigung, zusammenzulegen, dann handelt es sich bei der Kosteneinflußgröße »Beschäftigung« bereits annähernd um eine regulierbare Größe im oben definierten Sinne.

b) Regulierbare Kosteneinflußgrößen

Sieht man von den Hochschülern selbst als »Faktorart« ab, dann richtet sich die Kostenhöhe der Ausbildungswege weiter nach der Art der Produktionsfaktoren, die im Rahmen des Leistungserstellungsprozesses kombiniert werden. In Analogie zu den Kosteneinflußgrößen »qualitative Auftragszusammensetzung« von W. KILGER bzw. »Ausstattung« von E. HEINEN weisen die Kosten technischer, naturwissenschaftlicher und medizinischer Studiengänge eine hohe Kapitalintensität auf, wogegen die geisteswissenschaftlichen Fächer als ausgesprochen personalintensiv gelten dürften. Inwieweit es in diesen Fällen kostenmäßig von Vorteil ist, den Faktor Arbeit durch den Faktor Kapital zu ersetzen, läßt sich erst nach Auswertung eingehender Arbeitsablauf- und Rationalisierungsstudien, die im Hochschulbereich jedoch nicht weniger als in der Privatwirtschaft gerechtfertigt wären, sagen. Derartige Studien aber setzen ihrerseits voraus, daß eindeutig bestimmte Lehrpläne bestehen, die den Ausbildungsstoff genau abgrenzen, und daß die dafür notwendigen Lehrmethoden bekannt sind. Da es sich dabei bereits um Hauptprobleme der zur Zeit in allen Fächern erwogenen Studienreform handelt, sind qualifizierte, kostensenkende Fortschritte von den heute noch weitgehend ausstehenden Reformen abhängig. Für die Vergangenheit kann sicher ohne Einschränkung gesagt werden, daß der tatsächliche Einsatz des Lehrpersonals äußerst selten allein von fachlichen Notwendigkeiten, z. B. von der Haltung einer ganz bestimmten Anzahl sachlich notwendiger Lehrveranstaltungen, geleitet war, sondern oftmals auf ganz andere, außerfachliche und sicherlich außerökonomische Ursachen zurückzuführen war [158]. Entsprechendes gilt zumindest auch für einen Teil des Kapitalbedarfs; erwähnt sei nur, daß einige Lehrstühle und Institute es nicht selten versucht haben dürften, sich aus Prestigegründen mit »Raum und Material« zu umgeben, Ausstattungen, die sie in dieser Höhe fachlich wohl kaum benötigt hätten, geschweige denn kostenoptimal hätten einsetzen können.

Sieht man als einzige Leistung der Hochschulen die akademische Ausbildung an und versucht man entsprechend dem Grundsatz der Einheit von Forschung und Lehre gar nicht erst, etwaige Nebenleistungen, wie Forschungserträge etc., kostenmäßig abzugrenzen [159], dann muß neben der Kapital- und Personalintensität als weitere Kosteneinflußgröße auch die »Forschungsintensität« genannt werden; sie ist Ausdruck der in Verbindung mit der Ausbildung anfallenden Forschungsarbeiten. Sie zu konkretisieren, wird ebenso schwierig sein wie die Analyse des kostenbeeinflussenden Faktors »Fächerverflechtung«, der zwar bezogen auf alle Ausbildungswege zusammen kaum kostenrelevante Effekte ausüben dürfte, hinsichtlich der einzelnen Studiengänge jedoch auf Grund der unmöglich richtig zu findenden Abgrenzungen von nicht unerheblicher Bedeutung sein wird.

Verflechtungsanalysen, wie sie hier und da – wenn auch nur journalistisch – diskutiert werden, sind wenig aussagefähig; sie können in der Praxis generell nur im Ansatz aufgestellt werden, da sich die Überschneidungen einmal von Universität zu Universität laufend ändern und zum anderen innerhalb der einzelnen Universitäten zur Zeit noch unkontrollierbar abhängen von den sich ändernden Studienordnungen und den ebenfalls variierenden Wahlentscheidungen der einzelnen Studien [160].

[158] OLIVERA, J. H., a.a.O., S. 51, vgl.: »Die Bestimmungsgründe der Produktionsmittelkombination«.

[159] Vgl. hierzu insbesondere Abschnitt D, I, c.

[160] Entwicklungsgrundlagen TH Aachen 1968, Veröffentlichung der Staatshochbauverwaltung des

Geht man, Überlegungen der Kostenzurechnung bereits vorausgreifend, davon aus, daß die Gesamtkosten eines Ausbildungsweges allein von den mit Erfolg, also mit Examen ausgebildeten Studenten getragen werden sollen, so stellen auch Studiendauer, d. h. die im Durchschnitt bis zum Abschluß benötigte Studienzeit, und Versagerquote Kosteneinflußgrößen dar, die von ganz erheblicher Bedeutung sein können, da sie die global vorausberechnete Kapazität stark zu beeinflussen in der Lage sind. Obwohl sie natürlich in erster Linie Größen repräsentieren, die von den Anlagen und Verhaltensweisen der Studierenden selbst bestimmt werden, ist nicht auszuschließen, daß organisatorische Maßnahmen, insbesondere etwa die Einführung neuer Lehrpläne, Lehrmethoden und Lehrtechnologien, nicht unbedeutenden Einfluß auf ihre Höhe haben können.
Kostenkontrollen im Hochschulbereich, die systematisch unter Zugrundelegung dieser Kosteneinflußgrößen aufgebaut sind und versuchen, die Wirkungen der einzelnen Faktoren, gegeneinander abgegrenzt, festzustellen, werden am ehesten zu rationalisierenden und damit kostensenkenden Maßnahmen führen. Dabei ist freilich davon auszugehen, daß die Qualität der Leistung auf einem gleichmäßigen, angestrebten Niveau bleibt, eine Voraussetzung, die mangels geeigneter Qualitätsmeßverfahren im Hochschulbereich bisher kaum erfüllt sein dürfte. Die Ausbildungsqualität ihrerseits nämlich bestimmt durch die Güter der Ausbildungstechnologie, durch die Wahl des Standortes, durch die quantitative Kapazität oder schließlich durch andere, in der Person des Auszubildenden liegende Faktoren, stellt in der Praxis eine zur Zeit noch kaum abzugrenzende Größe dar, sie gilt demnach als ein entscheidender Unsicherheitsfaktor bei der praktischen Analyse der Kosteneinflußfaktoren und bei der Kostenverwertung als Grundlage für finanzpolitische und verwaltungstechnische Überlegungen.

D) Das Problem der Kostenauswertung im Hochschulbereich

I. Die Kostenzurechnung

An die Ermittlung der Kostenarten schließt sich die Kostenverteilung und Kostenzurechnung an, sie bildet auch in einer Hochschulkostenrechnung nicht nur den größten Phasenbereich, wie E. Kosiol es ausdrückt [161], sondern stellt den Kostenrechner vor große und theoretisch zum Teil nicht eindeutig lösbare Probleme, die sich in den folgenden drei Fragestellungen zusammenfassen lassen:

1. Wieviel, d. h. in welchem Umfang werden Kosten überhaupt zugerechnet (Vollkosten- oder Teilkostenrechnung)?
2. Wonach, d. h. nach welchen Gesichtspunkten sind die Kosten zu verteilen (Zurechnungskriterien)?
3. Wo, d. h. in welchem Rechnungszusammenhang findet die Zurechnung statt (Zurechnungsstufen)?

Landes NRW mit der TH Aachen, S. 10. Der Versuch einer Verflechtungsanalyse wurde andeutungsweise bereits in den Entwicklungsgrundlagen der TH Aachen gemacht, allerdings wohl mehr oder weniger zu Demonstrationszwecken. Eine genaue Aussage könnte für eine einzige Hochschule z. B. erst dann erfolgen, wenn man eine kostspielige empirische Umfrage über die Fächer- und Veranstaltungswahlentscheidungen der einzelnen Studenten eines Studienjahrganges machen würde.

[161] Kosiol, E., Kostenrechnung, a.a.O., S. 142.

Jede Kostenrechnung hat dabei von dem grundlegenden Prinzip der Leistungsbezogenheit auszugehen, wobei die Leistungen je nach der Zwecksetzung unterschiedlich abgegrenzt werden müssen. So können sie als Leistungs- oder Produktart ausgedrückt, nach dem Leistungsbezirk definiert oder aber aus der Leistungsperiode heraus interpretiert werden. Gilt die Leistungsperiode als primäre Bezugsbasis, so sind alle Leistungen der betrachteten Abrechnungszeit zu Periodenleistungen zusammenzufassen, ohne Rücksicht auf die unterschiedlichen Leistungsbezirke und Leistungsarten. Unter primärer Betonung der Leistungsbezirke sind alle einzelnen Bezirksleistungen aufzurechnen, und zwar möglicherweise ohne dabei die Leistungsperioden zu berücksichtigen. Wird schließlich die Leistungsart als primäre Bezugsbasis gewählt, dann spielen die Leistungsperioden und -bezirke nur eine untergeordnete Rolle und erscheinen als sekundäre bzw. tertiäre Bezugsbasen.
Geht es allein um Wirtschaftlichkeitskontrollen, und läßt man die im Hochschulbereich allerdings nicht unwesentlichen, von Stückkosteninformationen ausgehenden Impulse zu Kostensenkung und Rationalisierung außer acht, so wird man die Zurechnung unter der primären Bezugsbasis Leistungsart bzw. Leistungsmenge möglicherweise nicht durchzuführen brauchen. In diesem Fall sieht man sich nur in abgeschwächter Form mit der Frage konfrontiert, ob alle Kosten oder nur ein Teil von ihnen auf die Leistungseinheiten verrechnet werden sollen, eine Frage, die in der Literatur ziemlich ausgiebig diskutiert worden ist und deshalb an dieser Stelle nicht übergangen werden darf.

a) Vollkosten- oder Teilkostenzurechnung?

In ihrer traditionellen Form ist die Kostenrechnung eine Vollkostenrechnung; sie gab jedoch von dem Moment an Anlaß dazu, nicht alle angefallenen Kosten mehr in eine Kostenstellen-, vor allem aber Kostenträgerrechnung einzubeziehen, als erkannt werden mußte, daß etwa einige Kosten in technologischer Betrachtung, d. h. unter Zugrundelegung einer Produktionsfunktion, den Kostenträgern nicht eindeutig angelastet werden konnten (Fixkosten/Gemeinkosten) oder als es ganz allgemein dem Grundsatz der Eigenwirtschaftlichkeit von Kostenrechnungsverfahren widersprechend angesehen wurde, solche Kosten weiter zu verrechnen, die zwar theoretisch exakt zurechenbar gewesen wären, deren Verteilung jedoch besonders kostspielige Einzelerhebungen erforderlich gemacht hätten.
Eine Kostenrechnung, die in diesem Sinne in ihrem Sachumfang eingeschränkt ist, also im Gegensatz zur Vollkostenrechnung, welche alle anfallenden Kosten berücksichtigt, einige Kostenarten nicht bis zur Kostenträgerrechnung weiter verfolgt, ist als Teilkostenrechnung zu bezeichnen.
Die Idee der Teilkostenrechnung geht bereits auf E. SCHMALENBACH [162] zurück, der die fixen, von der Ausbringungsmenge unabhängigen Kostenarten [163] nur noch auf einzelne Kostenstellen verteilt, um sie unter Umgehung der Kostenträgerrechnung über ein Fixkostensammelkonto unmittelbar der Erfolgsrechnung zu belasten. Auch J. F. SCHÄR [164] und insbesondere K. RUMMEL [165] sprachen sich bereits vor vielen Jahrzehnten für die Aufnahme allein der von der Ausbringungsmenge abhängigen Kostenarten in die Kostenträgerrechnung aus, was vollends beweist, daß das Prinzip der Teilkostenrechnung nicht

[162] SCHMALENBACH, E., Der Kontenrahmen, 4. Aufl., Leipzig 1935, Anlage 18, Beispiel der Unterteilung des Kontenrahmens.
[163] E. Kosiol zieht in diesem Zusammenhang die Bezeichnung »Zeitkosten« vor, vgl. KOSIOL, E., Kostenrechnung, a.a.O., S. 145.
[164] SCHÄR, J. F., Buchhaltung und Bilanz, 2. Aufl., Berlin 1914.
[165] RUMMEL, K., Einheitliche Kostenrechnung auf der Grundlage einer vorausgesetzten Proportionalität der Kosten zu betrieblichen Größen, 3. Aufl., Düsseldorf 1949, S. 209 ff.

etwa, wie es gern den Anschein erwecken will, als Weiterentwicklung der Kostenrechnung durch englische Autoren (marginal costing) oder gar amerikanische Betriebswirtschaftler (direct costing) [166] anzusehen ist; gerade sie haben sich im Prinzip erst in den letzten 15–20 Jahren mit der Teilkostenrechnung, wenn auch dafür sehr intensiv, befaßt.

Ist aus der Entwicklung der jüngsten Vergangenheit zwar nicht zu verkennen, daß sich die wissenschaftliche Diskussion heute schwerpunktartig auf die alleinige Befürwortung von Teilkostenzurechnungen verlegt hat, so wäre es verfehlt, daraus schließen zu wollen, daß Vollkostenrechnungen immer und überall zu verwerfen seien. Der Sinn, in manchen Fällen Vollkostenrechnungen durchzuführen, wird vielmehr dann klar, wenn man z. B. unter den speziellen Gesichtspunkten dieser Arbeit kritisch die Argumente, mit denen allein Teilkostenrechnungen befürwortet werden, durchleuchtet.

Zwei Argumente treten dabei in den Vordergrund: Einmal, so wird angeführt, brauche man Vollkosteninformationen heute im Gegensatz zu früher nicht mehr; damals bestand die wichtigste Aufgabe der Kostenrechnung in der Privatwirtschaft darin, Auskunft über die gesamten Stückkosten zu liefern [167]. Zum anderen ließen sich die Kosten ohnehin nicht den Leistungen nach dem Verursachungsprinzip, d. h. derart zuordnen, daß jeder Kostenträger nur mit denjenigen Kosten belastet wird, die tatsächlich durch ihn »verursacht« worden sind. Nur die Verrechnung nach dem Verursachungsprinzip gebe aber nach herrschender Meinung der Kostenrechner die angestrebte, wirklichkeitsgerechte Situation der Betriebs- und Produktionsverhältnisse wider.

Zur These der Überflüssigkeit von Vollkostenrechnungen muß gesagt werden, daß auf Vollkostenrechnungen basierende Stückkosteninformationen nur dann weitgehend verzichtet werden kann, wenn ein marktorientiertes und mehrere Produkte herstellendes Unternehmen der Privatwirtschaft seine Dispositionen allein an der Nachfragesituation seiner Erzeugnisse ausrichtet. In diesem Fall genügt es, jeweils die variablen Stückkosten zu kennen, um aus der Spanne zwischen ihnen und dem Preis die zur Vollkostendeckung notwendige Fixkostentragfähigkeit abzuleiten. Dabei spielt es hinsichtlich der Gesamtzielsetzung des Unternehmens keine Rolle, ob, wie im Fall der Deckungsbeitragsrechnung, der eine Kostenträger nun mehr und der andere weniger, als vielleicht durch ihn »verursacht«, zur Deckung des unterteilten Fixkostenblocks beiträgt; wichtig ist allein, daß die Vollkostendeckung insgesamt gesichert ist, denn auf sie kann ein Unternehmen, langfristig gesehen, in keinem Fall verzichten. Entscheidungen auf der Grundlage der Dekkungsbeitragsrechnung [168] arbeiten demzufolge ganz bewußt mit der Erkenntnis, daß einige mit Verlust verkaufte Kostenträger, etwa als »Lockwaren« oder »Sortimentsfüller«, durchaus zur Steigerung des Gesamtgewinns beitragen können.

Für die Analyse und Überwachung der Leistungserstellung durch die öffentliche Hand aber, für die, wie im Falle der Hochschulausbildung, der einheitliche, unternehmerische Leitgedanke fehlt, können derartige Überlegungen keine Rolle spielen; im Gegenteil zur Privatwirtschaft dienen Vollkosteninformationen im öffentlichen Bereich dazu, festzustellen, welche Staatsleistungen welche öffentlichen Mittel beansprucht haben, denn nur so kann »ex post« nachgeprüft werden, ob die »ex ante« überwiegend politisch bestimmte Rangordnung der einzelnen Bereiche öffentlicher Tätigkeit eingehalten worden ist. Gehört es zweifellos zum »Gesetz der Marktwirtschaft«, daß der Käufer eines Produktes, dessen Preis höher als kostendeckend ist, tatsächlich die Ware desjenigen, der ein Erzeugnis mit vielleicht nicht kostendeckendem Preis kauft, zum Teil mitbezahlt, so wird dieser Zustand

[166] N.A.C.A. Research Report, Direct Costing, Research Series No. 23, New York 1953.

[167] Ehrt, R., Die Zurechenbarkeit von Kosten auf Leistungen, Stuttgart 1967, S. 5.

[168] Riebel, P., Das Rechnen mit relativen Einzelkosten und Deckungsbeiträgen als Grundlage unternehmerischer Entscheidungen im Fertigungsbereich, Neue Betriebswirtschaft, 14. Jg. 1961, S. 145.

nur deshalb nicht als ungerecht empfunden, da beide, Käufer und Verkäufer, bei ihren Kaufentscheidungen »frei« sind. Mit Recht wird gefordert, daß derartige Erscheinungen aus dem öffentlichen Bereich fernzuhalten sind, es sei denn, sie entsprechen den herrschenden politischen Zielvorstellungen; unter diesem Aspekt wäre die Problematik allerdings ohnehin getrennt zu durchdenken.

Vollkosteninformationen demnach für solche Fälle abzulehnen, in denen der ursprünglichen Kostenrechnungsaufgabe, Nachkalkulationen anzustellen, einzige und damit ausschlaggebende Bedeutung zukommt [169], wäre also äußerst fragwürdig. So hält auch E. Kosiol [170] die Vollkostenrechnung für unerläßlich, wenn z. B. Preise oder zumindest Preis- und Wertvorstellungen für Erzeugnisse festgestellt werden sollen, für die, wie bei den Staatsleistungen, keine Marktpreise bestehen, eine Forderung, die hinsichtlich der erwähnten Verteilungsproblematik von Staatsleistungen folglich auch dann berechtigt bleibt, wenn auf die Erhebung »kostendeckender Gebühren« verzichtet wird.

Darüber hinaus aber wird das Teilkostenpostulat auch aus dem Zwang zur Trennung in Fixkosten einerseits und variable Kosten andererseits, ganz abgesehen von den technischen Schwierigkeiten der Kostenauflösung [171], mit denen ebenso ein privatwirtschaftliches Unternehmen zu kämpfen hat, fast absurd, wenn es sich letztlich um Produktionsprozesse handelt, deren Kosten sich weitgehend aus Fixkosten zusammensetzen dürften, wenn auch zugestanden werden muß, daß die Klassifizierung in fixe und variable Kosten nur relativ, d. h. allein in Abhängigkeit von der Formulierung der Kostenträger und der entsprechenden Produktionsdauern gesehen werden kann [172]. Auf lange Sicht sind alle Kosten in der Lage, ihren fixen Charakter zu verlieren; Einmalprojekte, wie etwa der Bau einer Olympia-Anlage (sieht man von späteren Verwendungszwecken ab), arbeiten auf das Produkt bezogen z. B. gänzlich ohne fixe Kosten. Auch die Ablehnung einer Vollkostenrechnung deshalb, weil der Fixkostenanteil dominierend sein dürfte, scheint also im Fall öffentlicher Leistungen nicht angebracht zu sein. Sogar zur Kostenkontrolle für öffentliche Binnenhäfen, für die die Kostenträgerrechnung als Zuteilung der Kosten auf einzelne Verladeleistungen noch schwieriger sein dürfte als im Hochschulbereich, befürwortet H. Schmitz [173] Vollkosteninformationen und unterstreicht seine Ansicht mit dem von E. Kosiol geäußerten Argument, daß die Vollkostenrechnung die umfassendste Form der Kostenrechnung schlechthin sei, deren Grundrechnungscharakter sie besonders ausbau- und damit aussagefähig mache; einesteils erlaube sie, soweit es erforderlich erscheint, entsprechend der Teilkostenvorstellung nur eine beschränkte Berücksichtigung ganz bestimmter Kostenbestandteile und andernteils lasse sie sich aber auch ebensogut durch die zusätzliche Aufnahme von Plan- bzw. Sollkosteninformationen dem Umfang nach wesentlich erweitern.

Bleibt schließlich noch, sich mit der Ansicht, die Kosten ließen sich zumindest auf Vollkostenbasis nicht nach dem sogenannten Verursachungsprinzip zurechnen, auseinanderzusetzen. Nachdem man sich etwas näher mit diesem Prinzip beschäftigt hat, wozu anhand der anschließenden Ausführungen die Möglichkeit besteht, wird man jedoch feststellen müssen, daß auch auf diesem Wege Vollkostenrechnungen nicht eindeutig zu verwerfen sind. Die weitverbreitete Ansicht, Vollkostenzurechnung und Einhaltung des Verursachungsprinzips ließen sich nicht miteinander vereinbaren, stimmt nämlich nur dann,

169 Kilger, W., Flexible Plankostenrechnung, 3. Aufl., a.a.O., S. 120.

170 Kosiol, E., Kostenrechnung, a.a.O., S. 100 f.

171 Ebenda, S. 152 ff. Ders., Kostenauflösung und proportionaler Satz, Z.f.h.F., 1927, S. 345 ff.

172 Sonnefeld, H., Der Mythos von den fixen Kosten und die betriebswirtschaftliche Leistungs-Abrechnung, zugleich eine Kritik der Grenzkostenrechnung, Z.f.B. 1962, S. 44 ff.

173 Schmitz, H., Die Kostenrechnung der öffentlichen Binnenhäfen und die Möglichkeit eines kostenorientierten Preissystems, Düsseldorf 1967, S. 36.

wenn das Verursachungsprinzip, eine Vorgehensweise, die, abgesehen von der Problematik der Interpretation des Kausalbegriffs [174], schon kostenrechnerisch kaum zu Ergebnissen führen dürfte und damit abzulehnen ist. Legt man dagegen das sogenannte Finalprinzip zugrunde, so erscheint die verursachungsgemäße Vollkostenzurechnung schon weit weniger problematisch, wenn sie dann auch nur »annähernd verursachungsgerecht« genannt werden mag.

b) Die Zurechnungsprinzipien

Die Kostenzurechnung wird dann als »verursachungsgerecht« angesehen, wenn den Kostenträgern, d. h. Leistungen, gerade die Kosten zugerechnet werden, die diese verursacht haben. Dabei muß jedoch nicht nur, wie z. B. von E. GSELL und E. BOSSARD vertreten wird [175], die Möglichkeit einer streng verursachungsgerechten Vollkostenträgerrechnung bezweifelt, sondern auch die genaue Zurechnung von Teilkosten, d. h. von Einzelkosten und unechten Gemeinkosten [176], in Frage gestellt werden, wenn man dem allgemeinen Sprachgebrauch folgend in einer ursächlichen Beziehung nichts anderes sieht als eine Ursache-Wirkung- oder Kausalbeziehung [177].

Das Verursachungsprinzip wäre in diesem Fall identisch mit dem Kausalprinzip, für welches nicht nur die zeitliche Aufeinanderfolge von Ursache und Wirkung charakteristisch ist, sondern vor allem der unbedingt zwangsläufige und im einzelnen nicht wahrnehmbare Zusammenhang zwischen beiden Prozeßstadien gilt. Versucht man nämlich die Ursachen zu analysieren, so wird man vor kaum lösbare Probleme gestellt, da sich immer wieder Einzelfaktoren, sogenannte Teilursachen, finden lassen, ohne deren Existenz das Wirkungsereignis unterblieben wäre, ein Problem übrigens, das im Bereich des Strafrechts, wo Kausalitätsüberlegungen eine große Rolle spielen, umfangreiche Einschränkungen erfordert. Dazu kommt noch, daß sich nicht feststellen läßt, welche der Teilursachen den Wirkungsmechanismus ausgelöst hat, ganz abgesehen davon, daß erst recht im dunkeln bleiben muß, wie der Wirkungsprozeß abläuft. Die mangelnde Wahrnehmbarkeit des Bewirkens stellt grundsätzlich jede Kausalforschung vor kaum überwindbare Schwierigkeiten. Soll ein Urteil über eine Kausalbeziehung zwischen zwei Erscheinungen nicht bloß hypothetischen Charakter haben, so muß es verifiziert werden. Zu diesem Zweck muß man nach Merkmalen suchen, die einer Beobachtung zugänglich sind, und die, wenn sie das Bewirken selbst nicht zum Ausdruck bringen, dennoch charakteristisch für jedes Kausalverhältnis sind. Die Voraussetzung für die kausale Kostenzurechnung ist also, daß tatsächlich kausale Beziehungen zwischen Kosten und Leistungen vorliegen. Kausale Beziehungen sind jedoch Realbeziehungen und als solche nur zwischen Realerscheinungen gegeben, zwischen Erscheinungen also, die unabhängig vom menschlichen Bewußtsein bestehen. Beide Größen, sowohl Kosten als auch Leistungen, sind jedoch wertmäßig definiert, und zwischen Wertgrößen existieren, soweit muß R. EHRT voll zugestimmt werden, keine Kausalbeziehungen [178]. Auch ein Zurückgehen auf die den Kosten und Leistungen zu-

[174] Vgl. u. a. HARTMANN, N., Teleologisches Denken, Berlin 1951, S. 46/47, und HEIDEGGER, M., Die Frage nach der Technik, in: Vorträge und Aufsätze, Pfullingen 1954, S. 16.

[175] GSELL, E., BOSSARD, E., Kostenrechnung und Preiskalkulation, 2. Aufl., Zürich 1948, S. 154.

[176] Erfolgt im Fall der Einzelkosten eine direkte Zurechnung auf einen bestimmten Kostenträger, so ist im Falle der Gemeinkosten eine Schlüsselung notwendig, d. h. die Zurechnung erfolgt indirekt. Die Kostenstellen- bzw. Kostenträgereinzelkosten brauchen sich nicht mit den proportionalen, d. h. variablen Kosten, die bei der Teilkostenproblematik eine Rolle spielen, zu decken, sondern sie können auch fixe Kostenanteile enthalten.

[177] EHRT, R., a.a.O., S. 8.

[178] EHRT, R., a.a.O., S. 50.

grunde liegenden Mengenbewegungen führt nach seiner Meinung nicht viel weiter. Die erzeugten Leistungsmengen stehen zwar zu den eingesetzten Kostengütermengen, nicht aber zu den das Mengengerüst der Kosten bildenden verzehrten Kostengütermengen in Kausalbeziehung. Demnach ist das Kausalprinzip für die Zurechnung von Kosten auf Leistungen unbrauchbar.

Scheitert die Anwendung des Kausalprinzips für die Kostenzurechnung daran, daß die Beziehung zwischen Ursache und Wirkung absolut, d. h. unbeeinflußbar gesehen werden muß, so stellt demgegenüber das Finalprinzip eine Erweiterung dergestalt dar, daß zunächst der Zweck fixiert wird, anhand dessen die Mittel ausgewählt werden, deren Einsatz die Erreichung des Zweckes herbeiführt. N. HARTMANN faßt die Finalität als eine durch Bewußtseinsvorgänge erweiterte Kausalbeziehung auf [179], sie ist mithin die geisteswissenschaftliche Ausprägung des an sich naturwissenschaftlich definierten Kausalprinzips. In finaler Denkweise fragt man nicht mehr nach der rein technischen Ursache für die Kosten einer Leistung, sondern entscheidet je nach den verfolgten Betriebszwecken autonom, wieviel Kosten für die jeweils gefertigten Leistungsmengen in Kauf genommen werden sollen. Hinsichtlich der Zurechenbarkeit muß man im einzelnen differenzieren nach Kosten, die unabhängig von den tatsächlich gefertigten Leistungsmengen nur bestimmten Leistungen oder bestimmten Leistungsarten zurechenbar sind, und solchen, die den tatsächlich gefertigten Leistungsmengen, d. h. den gefertigten Leistungsgesamtheiten, zurechenbar sind, und schließlich Kosten, die bereits einzelnen Leistungseinheiten angelastet werden können. Bei den Leistungsarten oder -mengen zurechenbaren Kosten ist zusätzlich dazu noch zu unterscheiden, ob die Kosten einer einzelnen Leistungsart bzw. einer in sich homogenen Leistungsmenge zurechenbar sind oder nur mehreren Leistungsarten bzw. in sich homogenen Leistungsmengen gemeinsam. Steht die Bezugsbasis »Leistungsbezirk« im Vordergrund, so handelt es sich dabei um sogenannte Kostenstelleneinzelkosten bzw. Kostenstellengemeinkosten; gilt das Hauptinteresse jedoch der Bezugsbasis Leistungsart und -menge, so spricht man analog von Kostenträgereinzelkosten und Kostenträgergemeinkosten.

Die Zugrundelegung des Finalprinzips bedingt zwar, daß man sich über die Zwecksetzung der einzelnen Betriebsaktivitäten im klaren ist, was im privatwirtschaftlichen Sektor entsprechend den Leitideen der Unternehmensführung kaum Schwierigkeiten bereiten dürfte; die Zurechnung insbesondere der Kostenstellen- bzw. Kostenträgergemeinkosten anhand von Verteilungsschlüsseln muß dabei identisch sein mit der Gesamtzielsetzung des Unternehmens. Schwierigkeiten treten allenfalls auf bei Einflüssen, die von außen an die Unternehmungen herangetragen werden und die faktisch die Zwecksetzung des Unternehmens erheblich beeinflussen oder sogar in Frage stellen können. In diesem Falle sind jedoch ebenso wie die Unternehmensziele auch die Kostenzurechnungsschlüssel neu zu durchdenken.

Im Hochschulbereich, wo zumindest in der Praxis eine einheitliche betriebliche Zielsetzung allenfalls im ausgabenorientierten Sparprinzip zu beobachten ist, muß die Situation als komplexer angesehen werden. Hingewiesen sei z. B. auf den Unterschied zwischen der Zurechenbarkeit von Hörsaalnutzungen entsprechend der von den einzelnen Leistungsarten in Anspruch genommenen Hörsaalbelegungszeiten und den allen Leistungsarten gleichermaßen zustehenden Verwaltungseinrichtungen. Sollten sich für solche Fälle keine eindeutigen Zurechengrößen finden lassen, so ist vielleicht zweckmäßigerweise die Kostenverteilung nach den Vorstellungen der für die einzelnen Leistungsbereiche verantwortlichen Entscheidungsinstanzen vorzunehmen, wobei für die Gesamtkostengebarung nur von Vorteil sein dürfte, wenn sich die Entscheidungsträger gegen die Übernahme eines

[179] HARTMANN, N., a.a.O., S. 69.

ganz bestimmten Kostenprozentsatzes wehren und somit die Grundlage für Kosteneinsparungen selbst bestimmen. Auf die Zurechnungsprobleme soll im einzelnen bei der nachfolgenden Behandlung der Zurechnungsstufen weiter eingegangen werden.

c) Die Zurechnungsstufen

Die Kostenzurechnung hat zweistufig als Kostenstellenrechnung und als Kostenträgerrechnung zu erfolgen, wobei das final interpretierte Verursachungsprinzip zugrunde zu legen ist.

Dabei dient die Kostenstellenrechnung, soweit feststeht, daß zwischen Leistungen und Stellenkosten eindeutige Beziehungen bestehen, einmal dem Zweck, die finale Zurechnung auch solcher Kosten zu gewährleisten, die z. B. aus erfassungstechnischen Gründen den Kostenträgern nicht einzeln zugerechnet werden können (Kostenträgergemeinkosten). Zum anderen lautet ihre aber mindestens ebenso wichtige Aufgabe dahingehend, wertvolle Kostenstelleninformationen zu liefern, die als Grundlage für die Kontrolle einzelner Betriebs- und Verantwortungsbereiche angesehen werden können. Sieht man zunächst von der Kostenträgerstückrechnung ab, und stellt man die Kostenträgerzeitrechnung (Rechnung für die Zeit einer Abrechnungs- oder Leistungsperiode) in den Vordergrund, so stimmen beide Rechnungsstufen in der zeitraumbezogenen Bezugsbasis überein und verfügen damit über die notwendige Voraussetzung für ihre spätere Kombination und eventuelle Vergleichbarkeit.

1. Die Kostenstellenrechnung

Die Kostenstellenrechnung zerlegt den Hochschulbereich in Teilbezirke, wobei freilich die Brauchbarkeit der späteren Ergebnisse von der Wahl der Kostenstellen abhängt. Grundsätzlich lassen sich die Kostenstellen einmal nach Betriebs- und Leistungsfunktionen, zum anderen nach Verantwortungsbereichen, des weiteren nach räumlichen Gesichtspunkten und schließlich auch nach rechentechnischen Erwägungen gliedern [180], wobei in der Praxis zweckmäßigerweise mehrere oder alle Gesichtspunkte miteinander kombiniert werden, je nachdem, um welchen Wirtschaftszweig es sich handelt, welches Fertigungsprogramm produziert wird, wie die Verantwortungsbereiche strukturiert sind und welche Ermittlungs- und Überwachungszwecke im einzelnen angestrebt werden.

Die Einführung einer Kostenstellenrechnung im Hochschulbereich läßt sich in der Praxis dabei grundsätzlich auf zwei verschiedenen Wegen gestalten. Die erste und weniger aufwendige Lösung besteht darin, Kostenstellenaspekte bereits bei der Kostenerfassung, d. h. innerhalb der Kostenartenrechnung, mit zu berücksichtigen. Auf eine Erörterung dieses Verfahrens wird hier verzichtet, da es sich anhand der Darlegungen im Anhang verhältnismäßig leicht nachvollziehen läßt. Als möglicherweise schwerwiegender Nachteil darf in diesem Fall aber nicht übersehen werden, daß die Aussagekraft der Kostenstellen verhältnismäßig gering bleiben muß, wenn in einem Rechengang Kostenarten- und Kostenstellenkriterien zu Lasten einer eingehenden Einzelerörterung berücksichtigt werden.

Die andere, vielleicht etwas kompliziertere Lösung besteht demgegenüber darin, die Kostenstellenrechnung mit der Kostenträgerzeitrechnung in gewisser Weise zu koppeln, eine Vorgehensweise, die sich auf lange Sicht im Hochschulbereich geradezu anbietet, da es sich um einen ohnehin nach Fachbereichen gegliederten Betriebsprozeß handelt. In diesem Fall wären für eine differenziertere Aussage die nach Leistungsbereichen gegliederten Hauptkostenstellen, die praktisch gleichzeitig, unter bestimmten Voraussetzungen (vgl. Abschnitt D, IIb), Kostenträger sind, nur noch von den sogenannten Hilfskostenstellen zu unterscheiden.

[180] Wöhe, G., a.a.O., S. 661. Schmitz, H. a.a.O., S. 64.

Hauptkostenstellen

Liegt es zwar nahe, die Hauptkostenstellen genau entsprechend den einzelnen Hochschulfakultäten festzulegen, so muß bedacht werden, daß innerhalb der Fakultät recht unterschiedliche Ausbildungswege zusammengefaßt sind, die auch kostenmäßig große Differenzen aufweisen dürften, abgesehen davon, daß Kosteninformationen über Fakultäten insgesamt ohnehin von geringerem Interesse als die Kenntnis der Ausbildungskosten einzelner Berufsgruppen wären. Zudem nimmt der Informationsgehalt mit dem Umfang der Kostenstellengliederung im allgemeinen zu. Es ist demnach zweckmäßiger, die Hauptkostenstellen nach verschiedenen Studiengängen bzw. Ausbildungswegen zu gliedern, die jeweils kostenmäßig homogen sind.
Für eine Hochschule bzw. Universität, die allein in technischen Fächern unterrichtet, könnte die Hauptkostenstellengliederung etwa wie folgt lauten:

Hauptkostenstelle 1: Architekten
Hauptkostenstelle 2: Bauingenieure
Hauptkostenstelle 3: Bergbauingenieure
Hauptkostenstelle 4: Hütteningenieure
Hauptkostenstelle 5: Elektroingenieure
Hauptkostenstelle 6: Maschinenbauingenieure
Die Hauptkostenstellen geistes- und naturwissenschaftlich ausgerichteter Hochschulen hießen etwa analog dazu z. B.:
Hauptkostenstelle 1: Wirtschaftswissenschaftler
Hauptkostenstelle 2: Gymnasiallehrer
Hauptkostenstelle 3: Realschullehrer
Hauptkostenstelle 4: Sonstige Berufe der phil. Fakultät
Hauptkostenstelle 5: Humanmediziner
Hauptkostenstelle 6: Tiermediziner
Hauptkostenstelle 7: Juristen
Hauptkostenstelle 8: Physiker
Hauptkostenstelle 9: Chemiker
Hauptkostenstelle 10: Sonstige Berufe der naturwiss. Fakultät
Hauptkostenstelle 11: Theologen
Hauptkostenstelle 12: Landwirte

Hilfskostenstellen

Die Hilfskostenstellen, auch Allgemeine Kostenstellen genannt, dienen im Gegensatz zu den Hauptkostenstellen nicht der Erfassung der bereits spezifisch einzelnen Leistungsbereichen zurechenbaren Kosten, sondern sind als Sammelstellen für die Kosten solcher Betriebsbereiche anzusehen, die ihrerseits Leistungen an alle Hauptkostenstellen abgeben.
Im Hochschulbereich sind etwa folgende Hilfskostenstellen denkbar:
Hilfskostenstelle 1: Allg. Unterrichtsgebäude (Hörsäle, Anlagen)
Hilfskostenstelle 2: Aufenthaltsräume und Erholungsgelände
Hilfskostenstelle 3: Technische Hilfsbetriebe (Telefon, Energien)
Hilfskostenstelle 4: Allg. Bibliotheken
Hilfskostenstelle 5: Studentenwerk (studentische Selbstverwaltung, Mensa etc.)
Hilfskostenstelle 6: Akademische Verwaltung
Hilfskostenstelle 7: Behördliche Verwaltung

Diese Aufstellung erhebt keinesfalls den Anspruch auf Vollständigkeit, zumal auch die Hilfskostenstellengliederung von der Eigenart der jeweiligen Hochschule abhängig sein wird, doch mag sie ganz gut den Unterschied zu den in manchen Punkten ähnlich klingenden Bezeichnungen der Kostenartenrechnung [181] erkennen lassen: Während es sich bei den Kostenarten jeweils nur um eine einzige Kostenart handelt, erfaßt die entsprechend lautende Kostenstelle zugleich Kostenanteile mehrerer Kostenarten.

Die Zurechnung innerhalb der Kostenstellenrechnung ist nun derart vorzunehmen, daß schrittweise für jede Kostenart geprüft wird, ob sie den Haupt- oder Hilfskostenstellen als Kostenstelleneinzelkosten oder aber nur anhand eines Verteilungsschlüssels als Kostenstellengemeinkosten angelastet werden können. Die unmittelbare Zurechnung als Stelleneinzelkosten und die mittelbare Zurechnung als Gemeinkosten ist dabei manchmal nicht klar zu unterscheiden, sie hängt weitgehend ab von der Technik der Kostenartenerfassung. Bei einer verhältnismäßig weiten Gliederung sowohl der Kostenarten als auch der Kostenstellen, etwa wie in dieser Arbeit vorgeschlagen, dürften sich, soweit das betriebliche Belegwesen funktioniert, weitgehend Einzelkostenzurechnungen durchführen lassen. Die Gemeinkostenproblematik dürfte erst dann voll zutage treten, wenn es gilt, nach Abschluß der Verteilung aller Kostenarten die Summen der Hilfskostenstellen auf die Hauptkostenstellen zu verrechnen; für sie sind die Kostensummen der Hilfskostenstellen echte Gemeinkosten.

Die Schlüsselung der Gemeinkosten bedeutet dabei nichts anderes als die Kostenmessung mit Hilfe geeigneter Maßstäbe. Es handelt sich nach E. Kosiol [182] um ein indirektes Messen, das eine Hilfsgröße nach Art eines Meßgerätes benutzt. Statt der Kosten selbst wird die stellvertretende Ersatzgröße direkt gemessen und zugleich für die Kosten maßstäblich verwendet. Dabei versucht man, um eine Kostensumme zu verteilen, d. h. einzelne Anteile berechnen zu können, nach Möglichkeit eine solche Schlüsselgröße ausfindig zu machen, der die Kosten proportional sind. Nach der Ausprägung der Schlüssel sind im einzelnen Mengenschlüssel von Wertschlüsseln zu unterscheiden; dabei sind die Mengenschlüssel ihrerseits aufzuteilen in Zählgrößen (Studentenzahlen, Personalzahlen etc.), Zeitgrößen (Arbeitsstunden, Fahrtstunden), Raumgrößen (Längenmaße, Flächenmaße, Volumenmaße), Gewichtsgrößen und schließlich technische Maßgrößen (kWh, Kalorien etc.), wogegen die Wertschlüssel zu gliedern sind in Bestandsgrößen (Warenvorräte, Anlagewerte etc.) einerseits und Kostengrößen (Löhne und Gehälter, Stoffkosten etc.) andererseits.

Diese Maßgrößen eignen sich nach E. Kosiol [183] jedoch nur dann, als Gemeinkostenschlüssel, wenn sie die einzige bzw. ausschlaggebende Einflußgröße der Kostenbeanspruchung darstellen. Sind einzelne Schlüssel unzureichend, so ist durchaus an zusammengesetzte oder kombinierte Kostenschlüssel zu denken, Schlüssel, wie sie auch bei dem im Anhang dargestellten Zurechnungsbeispiel Verwendung fanden [184].

Das Ergebnis der Kostenstellenrechnung besteht einmal aus den Gesamtkosten und zum anderen aus der Kostenstruktur je Leistungsbereich und Abrechnungszeitraum. Setzt man die Kostenträger mit diesen Leistungsbereichen, d. h. Hauptkostenstellen gleich, dann erhält man mit Abschluß der Kostenstellenrechnung automatisch auch die Ergebnisse der Kostenträgerzeitrechnung und auf die Kostenträgerproblematik wäre in diesem Fall kaum weiter einzugehen. Demgegenüber ist eine zusätzliche Erörterung dann notwendig, wenn beabsichtigt wird, auch die Aussagen der Kostenträgerrechnung noch zu verfeinern, etwa derart, daß Informationen hinsichtlich verschiedener Kostenträgerbestandteile im Hinblick auf unterschiedliche Kostenträgerzeiten und sogar bezüglich differenzierter Stückkosten zu gewinnen sind.

[181] Vgl. Abschnitt C, II.

[182] Kosiol, E., Kostenrechnung, a.a.O., S. 177 ff. Vgl. hierzu insbesondere auch: Koch, H., Zum Problem des Gemeinkostenverteilungsschlüssels, in: Z.f.b.F. 1965, S. 169 ff., sowie die Abhandlungen über »die optimale Schlüsselgröße«, S. 170 ff.

[183] Kosiol, E., Kostenrechnung, a.a.O., S. 179.

[184] Vgl. Abschnitt F, Tab. IIIp.

2. Die Kostenträgerrechnung

Die Identität der Hauptkostenstellen mit den Kostenträgern geht davon aus, daß die Hochschulen nur eine Leistungsart je Studiengang anbieten, eine Vorstellung, die höchstens aus kostenrechnerischen Vereinfachungsgründen beibehalten werden darf. Genaugenommen gilt es jedoch als kaum bestritten, daß die Universitäten nicht nur eine, sondern viele verschiedene Leistungsarten oder Konsumleistungen [185] anbieten; man könnte sie einteilen in Haupt- und Nebenleistungen bzw. -kostenträger.

Zu den Hauptkostenträgern wären demzufolge zu rechnen:

1. Die abgeschlossene *Ausbildung* von Studierenden, verstanden als akademische Ausbildung im engeren Sinne [186], [187] und geordnet nach verschiedenen Ausbildungswegen.
2. Die Durchführung der *Forschung*, wobei sich nach verbreiteter Auffassung der überwiegende Teil des deutschen Forschungspotentials – gemessen an der Zahl der tätigen Wissenschaftler oder der aufgewendeten Mittel – zur Zeit immer noch in den Hochschulen befindet [188].

Wird über die Zweckmäßigkeit der Verbindung von Lehre und Forschung an den Hochschulen von Zeit zu Zeit grundlegend diskutiert [189], so bleibt dessenungeachtet unter dem Kostengesichtspunkt jedenfalls festzuhalten, daß eine exakte Trennung – für eine getrennte Kostenzurechnung eine absolut notwendige Voraussetzung – zur Zeit noch für ausgesprochen kompliziert gehalten wird; Lösungsversuche lassen allenfalls die modernen statistischen Erhebungsverfahren erwarten, die vor kurzem als »multimomentane Tätigkeitskontrolle« [190] oder Technik der »Selbstbeobachtung« [191] bekannt geworden sind. Die Anwendung derartiger Methoden in Großbritannien führte nach dem Robbins-Report on Higher Education [192] z. B. zu dem Ergebnis, daß bei einem englischen Hochschullehrer während des Semesters nur 28 % der Arbeitszeit auf Forschungstätigkeit entfallen, während der entsprechende Anteil in den Semesterferien bei 45 % liegt. »Die englischen Verhältnisse lassen sich nur mit großen Einschränkungen auf die deutsche Universität übertragen, zeigen jedoch die Belastung auch des englischen Hochschullehrers während des Semesters durch Verwaltungsarbeit und Lehrverpflichtungen.« [193]

[185] Olivera, Julio H. G., a.a.O., S. 57.

[186] Brinkmann, G., Die Ausbildung von Führungskräften für die Wirtschaft, Köln 1967, S. 17. Brinkmann sieht die akademische Ausbildung als eine – und zwar die abstrakteste – von vielen Formen der Berufsvorbereitung an. Vgl. die Operationalisierung des Begriffs »Vorbereitung«.

[187] H. Gerber kritisiert eindeutig diese Funktion der Hochschule: Die Hochschulen tendieren mehr und mehr dazu, das Studium auf einen praktischen Beruf auszurichten und damit eine zweckfreie, wissenschaftliche Bildung zu beeinträchtigen. Vgl. Gerber, H., Art. Universitäten und Hochschulen, in: HdSW, S. 478, Bd. 10.

[188] Bundesbericht Forschung II, Bundestagsdrucksache V/2054 v. 28. 7. 67, S. 99. Becker ist demgegenüber der Ansicht, daß die Grundlagenforschung an den Universitäten (250 Mrd. DM) und in den Industriebetrieben (300 Mrd. DM) etwa den gleichen Umfang hat. Becker, H., Quantität und Qualität, Grundfragen der Bildungspolitik, Freiburg 1962, 1. Aufl., S. 99.

[189] Das von F. Edding und D. Goldschmidt geleitete Institut für Bildungsforschung der Max-Planck-Gesellschaft, Berlin, hält sogar jeden Versuch einer Trennung von Ausbildung und Forschung aus grundsätzlichen Überlegungen für verwerflich, selbst wenn sie nur unter Kostengesichtspunkten vorgenommen wird. Vgl. ein Schreiben des Instituts für Bildungsforschung an das Finanzwissenschaftliche Forschungsinstitut an der Universität zu Köln vom 21. 2. 1969.

[190] Multimomentane Lehrzeitstudien mit exakten Angaben liegen bisher vorwiegend für den allgemeinen Schulbereich vor. Insbesondere sei auf eine vor kurzem in Schweden (Göteborg) durchgeführte Studie zur Lehrertätigkeit hingewiesen; Manasse, F. C., Industrial Engineering im Schulwesen, in: Fortschrittliche Betriebsführung 15/1966, Heft 2, S. 50 ff.

[191] Brinkmann, G., Berufsanforderungen . . ., a.a.O., S. 113 ff.

[192] Robbings Report on Higher Education, Appendix 3, London 1964, S. 53 ff.

[193] Bundesbericht Forschung I, Bundestagsdrucksache IV/2963 v. 18. 1. 65, S. 143, 144.

Mangels ähnlicher deutscher Untersuchungen sind wir bei uns zur Zeit noch auf vage Schätzungen angewiesen. Sie dürften allerdings für eine hinreichend genaue mehrstufige Kostenträgerzeitrechnung, die im einzelnen über die Kosten der unterschiedlichen Hauptkostenträger Auskunft geben soll, kaum ausreichen. Nur der groben Information halber sei deshalb angeführt, daß nach dem Bundesbericht Forschung I [194] ganz global der Anteil der Forschungskosten an den gesamten Hochschulkosten mit rund 50 % bzw. der Klinikkosten mit rund 30 % anzusetzen sei, Größenordnungen, die den gleichen, wenig differenzierten Eindruck machen wie die Vorstellungen des Bundesforschungsministeriums [195] über die übrigen Studiengänge. Danach werden die Forschungs- und Entwicklungskosten bei den Naturwissenschaften auf 60 %, den Ingenieurwissenschaften auf 55 %, der Landwirtschaft auf 60 % und der geisteswissenschaftlichen Richtung ganz allgemein auf 40 % geschätzt. Diese Werte scheinen die Verantwortlichen nur deshalb zufriedenzustellen, weil sie mit dem Ergebnis des sogenannten »Internationalen Statistischen Jahres« [196] weitgehend übereinstimmen.

Als Nebenkostenträger könnte man demgegenüber ansehen, daß

1. die Universitätskliniken (gewissermaßen zwangsläufig) in hohem Maße zur *Routineheilbehandlung* der Bevölkerung beitragen, daß
2. Universitätsinstitute praxisbezogene *Studien, Gutachten und Beratungen* anfertigen und daß
3. in Form von öffentlichen wissenschaftlichen, kulturellen und sportlichen *Veranstaltungen* (bzw. durch Förderung solcher Veranstaltungen mittels Freigabe von Universitätsanlagen) das Angebot für die steigende Nachfrage nach bildenden Freizeitbeschäftigungen bereitgestellt wird.

Diese zwar wahrnehmbaren, aber mit Ausnahme der Krankenbehandlung kaum zu quantifizierenden Leistungen dürften sich auch kostenmäßig nicht unerheblich auswirken. Ihr Einfluß bleibt jedoch bisher wohl nur in Form eines verbalen Zusatzes zu berücksichtigen.

Stückkosteninformationen

In enger Abhängigkeit von der Abgrenzung der Kostenträgerarten entsteht innerhalb der Kostenträgerrechnung ein besonderer Fragenbereich noch dann, wenn es darum geht, Stückkosten zu ermitteln.

Unterstellt man einmal die Möglichkeit, die Hauptkostenträger Ausbildung und Forschung seien kostenmäßig getrennt auszuweisen, so liegt das Problem im Fall der Kostenträgerart Forschung darin, abgeschlossene Forschungsprojekte und Forschungsergebnisse zu konkretisieren und mengenmäßig zu erfassen. Gerade im Hochschulbereich dürfte dieses Vorhaben aber nicht nur undurchführbar, sondern darüber hinaus auch unzweckmäßig sein, da es sich nicht, wie im Fall der industriellen, zweckgebundenen Projektforschung um abgrenzbare Einzelfälle, sondern vielmehr um Teilbeträge zur sich kontinuierlich entwickelnden und nicht trennbaren Grundlagenforschung handelt. Die Kostenträgerrechnung sollte sich im Forschungsbereich deshalb auf eine reine Kostenträgerzeitrechnung beschränken, wobei freilich in der Bemessung der Zeiten ein gewisser Spielraum besteht,

[194] Bundestagsdrucksache IV/2963 v. 18. 1. 65, S. 43.

[195] Vgl. ein Schreiben des Bundesforschungsministeriums an das Finanzwissenschaftliche Forschungsinstitut an der Universität zu Köln vom 3. 2. 69.

[196] Statistical Tables and Notes, in: International Statistical Year for Research and Development, A Study of Resources Devoted to R + D in OECD Member-Countries, in 1963/64, Band 2, S. 343,von den deutschen Bildungspolitikern auch abgekürzt als »Internationales Statistisches Jahr«.

der die Informationen differenzierter machen kann. Denkbar wäre z. B., soweit sich dadurch irgendwelche Vergleiche nationaler oder internationaler Art ergeben, die Forschungskosten pro Semester, pro Jahr etc. gesondert auszuweisen.
Als weniger problematisch erweist sich dagegen die Kostenverrechnung auf Leistungsmengen im Fall der Kostenträgerart Ausbildung, bei der allein zu entscheiden ist, ob als Leistungsmenge die Gesamtzahl der Beleger je Studiengang oder aber nur die Zahl der erfolgreichen, d. h. die ihr Studium mit Examen abschließenden Studenten je Ausbildungsweg zugrunde gelegt werden sollen, durch welche die Gesamtkosten je Studiengang zu dividieren sind; im zuletzt genannten Fall hätten letztlich die Erfolgreichen die Kosten der Versager mitzutragen.
Die Aussagen einer derartigen Kostenträgerstückrechnung könnten darüber hinaus noch durch entsprechende Variationen der Kostenträgerperioden erweitert werden, so daß sich Informationen etwa folgender Art ergeben würden:

»Semesterkosten je Ausbildungsweg und Beleger«,
»Semesterkosten je Ausbildungsweg und erfolgreich Studierender«,
»Jährliche Kosten je Ausbildungsweg und Beleger«,
»Jährliche Kosten je Ausbildungsweg und erfolgreich Studierender«,
und schließlich
»Gesamtkosten der abgeschlossenen Ausbildung je Ausbildungsweg und ausgebildete Person«.

Bei allen Stückkostenansätzen in der hier beschriebenen Weise kann es sich natürlich nur um eine Kostenträgerstückrechnung nach dem sogenannten Durchschnittskostenprinzip handeln, das sich von der Zurechnung nach dem Verursachungsprinzip finaler Prägung grundsätzlich unterscheidet. Eine Zurechnung im eigentlichen Sinne wird nach R. Ehrt [197] bei Anwendung des Durchschnittskostenprinzips auch gar nicht erst versucht; die Kosten werden zur Leistungsmenge einfach in Beziehung gesetzt, ohne Rücksicht darauf, in welcher Form kausale oder finale Beziehungen vorliegen. Handelt es sich, worauf H. Koch bereits aufmerksam gemacht hat [198], dabei sogar noch nicht einmal um echte Durchschnittskosten im Sinne der Statistik, da ein echter Mittelwert bedingt, daß sich die Gesamtkosten als Summe aus den individuell zurechenbaren Kosten aller Leistungseinheiten ergeben, so darf der Aussagewert derartiger »Beziehungszahlen« deshalb jedoch nicht unterschätzt werden; immerhin handelt es sich um Kosteninformationen im öffentlichen Bereich, für den Beziehungszahlen als sogenannte »Pro-Kopf-Werte« bisher einziges und ergiebigstes Ausdrucksmittel für die staatliche Leistungskraft und Leistungsverteilung überhaupt gelten.

II. Der Kostenvergleich

a) Der Vergleichsgegenstand

Sollen die in der Praxis erzielten Ergebnisse der Kostenermittlung und Kostenzurechnung, die Kosteninformationen, nicht der häufig zitierten Gefahr erliegen, Selbstzweck zu werden [199], sondern ihre Aufgaben voll erfüllen, dann müssen sie derart aufbereitet werden, daß sie in bestimmter Weise, sei es im innerbetrieblichen Zeitvergleich oder gar im zwischenbetrieblichen Zeit- und Verfahrensvergleich, miteinander verglichen werden können.

[197] Ehrt, R., a.a.O., S. 11.
[198] Koch, H., Die Ermittlung der Durchschnittskosten als Grundprinzip der Kostenrechnung, Z.f.h.F., NF 5. Jg., 1953, S. 303–327. Ders., Zum Problem des Gemeinkostenverteilungsschlüssels, Z.f.h.F., NF 17. Jg., 1965, S. 170.
[199] Riesen, H., a.a.O., S. 131.

Ungeachtet der unterschiedlichen Zielsetzungen sind die Vergleichsgrößen grundsätzlich jeweils nach zwei Gesichtspunkten zu untersuchen, und zwar einmal nach ihrer absoluten Gesamthöhe und zum anderen nach der Zusammensetzung der unterschiedlichen Kostenartengruppen, wobei sich als Vergleichsgruppen entweder die Kosten nur einer Leistungsart oder aber die Kosten gleich mehrerer oder gar aller Leistungsarten anbieten. Im ersten Fall handelt es sich um Gegenüberstellungen rein temporaler und/oder regionaler Art; sie geben Aufschluß über die Kostenentwicklung ein und desselben Kostenträgers oder einer Kostenstelle im Zeitablauf bzw. machen regional bedingte Leistungs- und Kostenunterschiede sichtbar. Im zweiten Fall beziehen sich die Überlegungen entweder getrennt vom oder zusätzlich zum temporalen und/oder regionalen Vergleichsansatz auf eine »fakultative« Gegenüberstellung der Kosten, durch welche unter anderem deutlich wird, welche Leistungsarten, d. h. welche Studiengänge im Vergleich zu anderen als arbeits-, kapital-, material- oder versorgungsintensiv [200] zu bezeichnen sind. Ist selbstverständlich jede Relation nicht frei von Problemen eigener Art, so soll auf die wichtigsten Fragen, die mit temporalen Vergleichen einerseits und regionalen Gegenüberstellungen andererseits verbunden sind, nachfolgend gesondert eingegangen werden.

b) Die temporale Vergleichsproblematik

Dem zeitlichen Vergleichsansatz wird schon von seinem Umfang her vorrangige Bedeutung beizumessen sein, da er sowohl für Kostenstellen- und Kostenträgervergleiche als auch für regionale und fakultative Gegenüberstellungen gleichermaßen zutrifft. So wird z. B. der Istkostenvergleich einer Kostenstelle für zwei unterschiedliche Perioden, soweit auf vorgegebene Sollkosten verzichtet werden muß, die einzige Grundlage für Wirtschaftlichkeitsüberlegungen im Hochschulbereich, also für Hinweise auf die Entwicklung der Betriebsgebarung, die Einsatzmöglichkeit von kostensenkenden Maßnahmen und schließlich für die Effizienzkontrolle bereits durchgeführter Rationalisierungen darstellen. Das gegen den »Ist-War-Vergleich« vorgebrachte Argument, er sei zur Kontrolle der Wirtschaftlichkeit kaum geeignet, da er in der Regel Unwirtschaftlichkeit mit Unwirtschaftlichkeit vergleiche [201], muß in seiner Absolutheit voll zurückgewiesen werden. Ermöglicht er zwar keine Aussagen über den jeweils erreichten Wirtschaftlichkeits*grad*, derartige Informationen lassen sich zweifellos nur anhand von Sollgrößen [202] ermitteln, so sind doch die von ihm ausgehenden Impulse zur Kostensenkung – kostenbewußtes Verhalten des Verwaltungspersonals vorausgesetzt, gar nicht hoch genug einzuschätzen; Kostensenkungen lassen sich nämlich schon dann herauskristallisieren, wenn eine Folgeperiode – ceteris paribus – geringere Kosten ausweist als die Basisperiode.
Werden Entscheidungen auf Grund temporaler Kostenunterschiede gefällt, dann ist zu berücksichtigen, daß diese Kostenunterschiede nicht in irgendeiner Form verfälscht auftreten, verfälscht insofern, als kurzfristig ohnehin nicht regulierbare Kosteneinflußgrößen die Effizienz der regulierbaren Kosteneinflußgrößen zu verzerren in der Lage sind. Kostensteigerungen etwa, die sich infolge eines Preisanstiegs eingestellt haben, sind ebensowenig Ausdruck von Wirtschaftlichkeitsverschlechterungen wie Kostenkonstanz oder Kostenrückgang als Zeichen von Wirtschaftlichkeitsverbesserungen angesprochen werden können, sollten sie verbunden sein mit mindestens in gleichem Umfange sinkenden Leistungs-, d. h. Ausbildungs- und Forschungsqualitäten, oder gar, wie Kostensenkungen infolge sehr kurzfristiger Beschäftigungsschwankungen. Will man die wahren Betriebsver-

[200] Vgl. hierzu z. B. Abschnitt F, IV.
[201] Riesen, H., a.a.O., S. 132.
[202] Auch im Hochschulbereich liegt die Einführung einer auf Vergangenheitswerten beruhenden Soll- oder Plankostenrechnung durchaus im Bereich des Möglichen.

hältnisse erkennen, dann sind die Vergleichsgrößen also um jeweils bestimmte Kosteneinflußfaktoren zu bereinigen, was bedeutet, daß in Ergänzung zur Istkostenrechnung für bestimmte Bereiche Ansätze einer sogenannten Normalkostenrechnung [203], der Vorläuferin der Plankostenrechnung [204], zur Geltung kommen müssen. Soweit es die Kosteneinflußgröße »Faktorpreise« betrifft, rechnet die Normalkostenrechnung, anstatt sich der durch die Marktverhältnisse ständig ändernden Faktorpreise zu bedienen, mit durchschnittlichen, normalisierten Faktorfestpreisen. Für den Fall, daß auch der Einsatz eines Teils der Produktionsfaktoren, gedacht sei hierbei insbesondere an Verbrauchsmaterialien materialintensiver Studiengänge, zufälligen Schwankungen unterworfen ist, wäre analog zu den Festpreisen mit normalisierten Verbrauchsmengen zu arbeiten, und zur Ausschaltung von Kosteneinflüssen infolge kurzfristiger Beschäftigungsschwankungen wären schließlich die Istergebnisse auf jeweils als normal angesehene Beschäftigungsstufen umzurechnen. Die praktische Durchführung der Normalkostenrechnung, die auf diese Weise Preis-, Verbrauchs- und Beschäftigungsabweichungen berücksichtigt, läßt sich verhältnismäßig unkompliziert gestalten, da allein für die diesbezüglich stark schwankenden Kostenarten Indizes gebildet zu werden brauchen, nach denen die Istkostenwerte zu berichtigen sind.
Allein für den Fall von Qualitätsschwankungen ergeben sich für den Hochschulbereich im Gegensatz etwa zum industriellen Fertigungsprozeß, wo die Leistungen nicht nur meist naturwissenschaftlich exakt meßbar sind, sonderen in der Regel auch von Fertigungs- zu Fertigungsprozeß konstant bleiben, kaum lösbare Vergleichshindernisse daraus, daß die Ausbildungsqualitäten zur Zeit jedenfalls praktisch nicht meßbar sind und sowohl von Leistungseinheit zu Leistungseinheit als auch selbst noch zwischen den Leistungen verschiedener Perioden schwanken. Hier kostenmäßig normalisieren zu wollen, dürfte äußerst schwerfallen; das Problem ließe sich höchstens anhand objektiver Bewertungsverfahren, d. h. auf Grund von Leistungstests, die weitgehend auf subjektive Bewertungskriterien verzichten, lösen, etwa dergestalt, daß innerhalb einer Periode verschiedene Qualitäts- und Leistungsgruppen gebildet werden, die etwa den unterschiedlichen Leistungsgruppen einer Folgeperiode ordinal gegenüberzustellen sind. Eine derartige kostenmäßige Berücksichtigung der Qualitätskomponente, auf die an früherer Stelle schon hingewiesen worden ist, hängt aber ausschlaggebend von der Existenz objektiver Beurteilungskriterien ab, ein Problem, an dem bisher im gesamten Ausbildungswesen noch mit wenig Erfolg gearbeitet wurde. Vielleicht lassen sich infolge der zunehmenden Technisierung des Ausbildungsprozesses hier einige Fortschritte machen; es ist jedoch kaum zu erwarten, daß die ohnehin weitgehend subjektiv bestimmte menschliche Leistungskraft mit irgendeinem Test je voll erfaßt werden kann.

c) *Die regionale Vergleichsproblematik*

Ungeachtet der Tatsache, daß temporale Vergleichsgesichtspunkte mit ihrer gesamten, eben dargestellten Problematik auch im Fall regionaler Vergleiche zum Tragen kommen können, was besonders dann eine Rolle spielt, wenn die Entwicklungserfahrungen der verschiede-

[203] Zum Problem der Normalkostenrechnung vgl.: Müller, A., Die Normalkostenrechnung als Hilfsmittel der Kostenauswertung, Archiv für Eisenhüttenwesen, 1938/39, S. 311. Ders., Istkosten-, Normalkosten- und Plankostenrechnung in vergleichender Betrachtung, in: Der Betrieb 1952, S. 537. Nowak, P., Kostenrechnungssysteme in der Industrie, 2. Aufl., Köln–Opladen 1961, S. 64 ff. Schulz, C. E., Ist-, Richt- und Plankostenrechnung, Ein Beitrag zur Klärung der Begriffe, Zfb 1951, S. 466.

[204] Vgl. hierzu insbesondere: Kilger, W., Flexible Plankostenrechnung, 3. Aufl., Saarbrücken 1967, S. 53 ff.

nen Hochschulen untereinander ausgetauscht werden, so darf nicht übersehen werden, daß auch dann, wenn es sich um Vergleiche innerhalb derselben Periode, unabhängig vom temporalen Vergleichsaspekt handelt, ausschließlich regional bedingte Kostenverfälschungen bzw. -verzerrungen auftreten können, die in Rechnung zu stellen sind.
Regionale Vergleiche können dabei auf zweifache Weise angestellt werden. Mag es einmal von Interesse sein, die Hochschulkosten auf nationaler Ebene, also zwischen den Hochschulen eines Bundeslandes bzw. zwischen denen verschiedener Bundesländer, abzuwägen, so sind demgegenüber auch von internationalen Vergleichen Ergebnisse zu erwarten, die sich auf die Hochschulplanung einerseits und die Verwaltungsführung andererseits positiv auswirken dürften. Kostenstellenvergleiche spielen dabei allerdings nur dann eine Rolle, wenn sich die Kostenstellenbildung an allen Hochschulen jeweils von denselben Kriterien leiten ließ, eine Annahme, die in der Realität heute sicherlich nicht zutreffen wird, auf deren Realisierung in der Zukunft aber Wert gelegt werden sollte.
Versucht man dementsprechend, auch die Kostenträgerkosten der gleichen Abrechnungsperiode von verschiedenen nationalen und internationalen Hochschulen gegenüberzustellen, so stellt sich analog zur Problematik des Zeitvergleichs die Frage, ob die Leistungen sowohl von ihrer Art bzw. ihrem Inhalt als auch von ihrer Qualität her überhaupt vergleichbar sind. Studiengänge, die an den Hochschulen zweier verschiedener Bundesländer gleiche oder ähnliche Bezeichnungen tragen, brauchen deshalb noch nicht aus einem ähnlichen oder gleichen Ausbildungsgang hervorgegangen zu sein; vielmehr ist zur Zeit auf Grund der starken Hochschulautonomie und infolge der Freiheit von Lehre und Forschung damit zu rechnen, daß der vielleicht in Hamburg ausgebildete Akademiker der Fachrichtung »A« eine inhaltlich schon andere Ausbildung genossen haben dürfte, als der Akademiker mit gleichlautendem Studienabschluß etwa in Frankfurt. Sieht man von den inhaltlichen Differenzen einmal ab, so ergeben sich aber in jedem Falle noch Unterschiede bezüglich der Ausbildungsqualität, auf die in Anbetracht der obigen Darstellungen ebensowenig näher eingegangen zu werden braucht wie etwa auf Kostenunterschiede infolge von Verbrauchs- oder Beschäftigungsabweichungen oder etwa wie auf Kostendifferenzen, die die Folge unterschiedlichen Hochschulalters bzw. unterschiedlicher Hochschulgröße sind. Ist damit zu rechnen, daß sich die Vergleichsgrößen auf nationaler Ebene durch einheitliche Studienordnungen, Prüfungsbestimmungen und Verwaltungsvorschriften in Zukunft immer mehr anpassen lassen, so dürften internationale Kostenvergleiche jedoch auf absehbare Zeit noch utopisch bleiben, zumal sich zu allen bisher genannten Hindernissen zusätzlich noch das Problem der Währungsparitäten gesellen wird, ein Problem, das sich schon von der Definition des Kostenbegriffs her kaum dadurch umgehen läßt, daß man sich auf das reale Mengengerüst des Ausbildungsprozesses beschränkt.

E) Die Bedeutung von Kosteninformationen für die Finanzpolitik

Die Bildungs- und Hochschulpolitik konkurriert mit anderen Politiken und Projekten der öffentlichen Hand, die ebenfalls Kosten verursachen und Ausgaben verlangen, und die – von Sonderfinanzierungen abgesehen[205] – alle aus ein und demselben Haushalt zu bestreiten sind. Damit freilich verliert der bildungspolitische Aspekt viel von seinem an

[205] Vgl. z. B. die grundsätzliche Billigung einer Bildungsanleihe durch die Bundesregierung vom 6. 5. 1970, Bulletin des Presse- und Informationsamtes der Bundesregierung, Nr. 63 v. 9. 5. 70, S. 598.

früherer Stelle dargestellten eigenständigen Charakter; er geht vielmehr auf in der übergeordneten, finanzpolitischen Diskussion der staatlichen Aktivität in ihrer Gesamtheit, die sich mit den rechtlichen Normen und parlamentarischen Praktiken der Mittelbewilligung und Mittelaufteilung entsprechend einer ganz bestimmten Prioritätenskala ebenso intensiv auseinanderzusetzen hat wie mit der Frage nach der im einzelnen verfahrens- und verwaltungswirtschaftlichsten Verwendung der Mittel. Ob und wieweit zur Lösung derartiger Probleme Kosteninformationen beitragen können, muß im einzelnen nachfolgend geprüft werden.

Darüber hinaus gilt es aber auch, alle Nebenwirkungen und Randprobleme zu erkennen, die neben der primären staatlichen Aufgabenstellung anfallen und deren Bedeutung und Folgen sich nur anhand von Kosteninformationen feststellen lassen. Ihre Aufdeckung folgt übrigens nicht nur dem allen wissenschaftlichen Untersuchungen innewohnenden Hang zur Vollständigkeit, sondern vor allem der Einsicht, daß der Einfluß solcher Nebenwirkungen innerhalb des Gesamtsystems der Finanzpolitik häufig genauso wichtig ist wie die Ergebnisse der primär beabsichtigten Einzelaktivität selbst. Das läßt sich einmal gut am Beispiel des Finanzausgleichs demonstrieren; aus der finanziellen Länderzuständigkeit und der Eigenart des deutschen Hochschulsystems ergibt sich nämlich, daß Kosteninformationen aus dem Hochschulbereich unsichtbare Ausgleichseffekte offenlegen, die es durchaus wert sind, in die aktuelle Diskussion der bestehenden Finanzausgleichsregelung aufgenommen zu werden. Zum anderen gehört aber auch die Frage der Einkommensumverteilung zum Kreis der Probleme, die auf diesem Wege einer weiteren Klärung zugeführt werden können.

Folgt man z. B. der These H. Jechts [206], nach der es überhaupt keine Maßnahme des Staates gibt, die nicht verteilungspolitische Effekte haben könnte, so sind zu ihnen zweifellos auch jene redistributiven Wirkungen zu zählen, die sich zwangsläufig auf Grund des staatlichen Angebots an Ausbildungsmöglichkeiten aller Art, einschließlich der akademischen einstellen. Dabei handelt es sich nach G. Schmölders [207] um den typischen Fall einer »indirekten« Redistribution, einer Umverteilung also, wie sie vielleicht nicht so ohne weiteres sichtbar, von der Nutzenstiftung durch die von der öffentlichen Hand zur Verfügung gestellten Leistungen ausgeht; H. Haller [208] rechnet diese Nutzenstiftung allerdings nicht mehr zu den »eigentlichen« Redistributionsleistungen, obwohl sie auch nach seiner Ansicht ausgesprochen redistributiv wirken kann. Wie dem auch sei, es läßt sich nicht bestreiten, daß es dabei um Effekte von beträchtlichem finanzpolitischen Gewicht geht; ihnen muß sich die Wissenschaft in Zukunft mehr und mehr zuwenden.

Hätte die genaue Beantwortung der beiden zuletzt genannten Fragenkreise eine den Rahmen dieser Arbeit sprengende, äußerst umfangreiche Zusammenstellung und Aufbereitung statistischer Unterlagen gefordert, so mag die vorliegende, in mancher Beziehung nur andeutungsweise und grundsätzliche Erörterung entschuldigt werden.

I. Die Kostenanalyse als Orientierungshilfe für die finanzpolitische Willensbildung

a) Die Kostenanalyse als Voraussetzung für die Budgetaufstellung

Gilt heute für die öffentliche Finanzwirtschaft in Deutschland generell, d. h. für Bund, Länder und Gemeinden, das Prinzip, den Haushalt »von unten nach oben« [209] aufzu-

[206] Jecht, H., Staatliche Wirtschaftspolitik und Einkommensverteilung, in: Einkommensbildung und Einkommensverteilung, Schriften des Vereins für Socialpolitik, NF Heft 13, Berlin 1957, S. 129.

[207] Schmölders, G., Finanzpolitik, 3. Aufl., a.a.O., S. 254 und 261 f.

[208] Haller, H., Finanzpolitik, a.a.O., S. 231.

[209] Schmölders, G., Finanzpolitik, 3. Aufl., a.a.O., S. 81.

stellen, so beinhaltet das gleichzeitig die Verpflichtung, die von den jeweils handelnden und verwaltenden Dienststellen angemeldeten Bedarfsansätze einem in der Regel recht umfangreichen Genehmigungsverfahren auszusetzen. Je nach der Länge des Weges [210], den die beantragten Mittel so vom Budgetentwurf bis zur Verabschiedung zurücklegen müssen, werden sie in unterschiedlichem Maße von der parlamentarischen Willensbildung [211], die ihrerseits bestimmt wird durch die Kräfte der Exekutive, des vorparlamentarischen Raumes und schließlich der öffentlichen Meinung, gestützt oder verändert, ergänzt oder gar eingeschränkt, wobei die besondere Dynamik der Beschlußfassung nicht selten dazu führt, daß die endgültige Form und der konkrete Inhalt der Beschlüsse letzten Endes erheblich von den Vorstellungen und Zielsetzungen des Initiators abweichen [212]. Damit wird zugleich klar, daß die staatliche Zielsetzung selbst nicht etwa so absolut zu sehen ist, wie man das aus Gründen der Logik tun zu müssen glaubt. Vielmehr kann die endgültige Zielfestlegung durchaus das Endglied einer Kette von Modifikationen der ursprünglichen Zielauswahl und ihrer anfänglichen Verbalisierung [213] sein.
Spricht man ganz bewußt von der Bewilligung »öffentlicher Mittel« so wird deutlich, daß es sich in allen Phasen der parlamentarischen Einflußnahme allein um Entscheidungen handelt, die Ausgaben zum Gegenstand haben; ein Faktum, das z. B. dann als bedenklich angesehen werden muß, wenn man sieht, wie neben zahlreichen anderen Mängeln [214] mit zunehmender Entfernung vom durchzuführenden Projekt, d. h. mit wachsender Distanz zur beantragenden Stelle, wachsende Abstraktion in den Argumenten – oder krasser ausgedrückt –, wachsende Unkenntnis über die zu finanzierenden Staatsaufgaben Platz greift [215]. Heißen die Ergebnisse eines solchermaßen abgeschlossenen Willensbildungsprozesses für einige Bereiche z. B. Ausgabenkürzungen, so mag dem Haushalt, je nach der aktuellen Situation, in seiner Gesamtheit kurzfristig durchaus geholfen sein. Dem Staatsbürger, der länger als eine kurz- oder mittelfristige Finanzperiode zu leben gedenkt, ist es jedoch nicht; solange nicht, als an der grundsätzlichen Zielsetzung festgehalten wird und die einmal beschlossene finanzielle Einsparung durch unverhältnismäßig höhere Mehrausgaben in einer späteren Periode ausgeglichen werden muß.

[210] Greift man z. B. den Bundeshaushalt heraus, so bieten sich sogar neun (1–9) Gelegenheiten zur offiziellen Einflußnahme: Die Bedarfsanmeldung der ausführenden Dienststelle wird in die Einzelpläne der Ministerien aufgenommen, die ausführlich vom Bundesfinanzminister (1) geprüft und in der Koordination mit den Einnahmeerwartungen möglicherweise korrigiert werden. Der Budgetentwurf wird sodann der Regierung (2) zur Abstimmung vorgelegt, die ihn ihrerseits unter Berücksichtigung des besonders starken Einflusses des Finanzministers berät und einer Prüfung unterzieht. Die vom Kabinett gebilligte Gesetzesvorlage geht sodann zum Bundesrat (1. Durchgang), der sich im Finanzausschuß (3) diskutiert und Stellung nimmt. Sodann unterliegt sie der bekannten 3fachen Lesung im Bundestag, die in der Regel zunächst mit der Kontrolle durch den Haushaltsausschuß (4) beginnt und sodann vom Plenum (5) unter Zugrundelegung seiner Stellungnahme ein zweites Mal diskutiert wird, um in der Generaldebatte der 3. Lesung (6) abgestimmt zu werden. Nach der nochmaligen Überprüfung durch den Bundesrat (7) (2. Durchgang), wird der Haushalt daraufhin entweder verabschiedet oder aber bei Widersprüchen in den Vermittlungsausschuß (8) verwiesen, worauf er nach erneuter Konfrontation mit dem Plenum (9) verabschiedet und formal gültig verkündet wird.

[211] Vgl. hierzu insbesondere: Glaeser, R., Finanzpolitische Willensbildung in der BRD, Volkswirtschaftl. Schriften, Heft 82, Berlin 1964, S. 23 ff.

[212] Schmölders, G., Finanzpolitik, 3. Aufl., a.a.O., S. 95.

[213] Oberndörfer, D., Theorie der Zieldefinition und Kategorien der Ziele, Reform der Struktur von Bundesregierung und Bundesverwaltung, Bonn 1969, S. 440.

[214] Glaeser, R., a.a.O., S. 120 f.

[215] Auf diesen Tatbestand und seine Folgen hat, wenn auch etwas überspitzt, N. C. Parkinson verschiedentlich aufmerksam zu machen versucht. Vgl. z. B. Parkinson, N. C., ... alles von unserem Geld, Düsseldorf 1960, S. 17, sowie Schmölders, G., Finanz- und Steuerpsychologie, Reinbek 1970, S. 131 f.

Das gilt insbesondere für diejenigen Staatsausgaben, die sowohl langfristiger Natur sind als auch ganz bestimmter Mindestinvestitionsumfänge bedürfen, d. h. nicht in einzelne, kleinere Projekte teilbar sind; der Hochschulbereich erfüllt diese Wesensmerkmale, folgt man den vielfältigen Informationen der jüngsten Vergangenheit, in ganz besonders starkem Maße. Eine sinnvolle Projektplanung als Bewilligungsgrundlage, die, wie A. Mey [216] es ausdrückt, nicht der Tradition entsprechend Finanzieren und Produzieren durcheinanderwirft, wie es der Fall wäre, wenn man z. B. nach Ausgaben statt nach Kosten rechnet, verspricht eher den parlamentarischen Hürdengang zu nehmen als das mehr oder weniger theoretische Tauziehen um Ausgabenabweichungen gegenüber Vorjahresansätzen. Daran ändert sich auch dann nicht viel, wenn das »Übergewicht der Exekutive« in Erscheinung tritt. Solange es auf der Ebene der Projektierenden selbst zu suchen ist, mag dagegen – soweit der viel zitierte »sorglose Umgang mit den öffentlichen Mitteln« [217] auf ein Mindestmaß beschränkt bleibt – natürlich nichts einzuwenden sein. Wird diese Voraussetzung jedoch nicht erfüllt und verlagert bzw. konzentriert sich die Entscheidungsfindung auf Grund eines formalrechtlich besonders starken Einflusses auf den Finanzminister [218], der verständlicherweise weniger Sachkenntnis von den einzelnen Vorhaben, dafür aber mehr Koordinierungsgeschick mitbringen wird und im »schwächsten« Fall selbst wiederum von der Entwicklung außerparlamentarischer Kräfte oder gar der öffentlichen Meinung geleitet werden könnte, dann allerdings tun leistungsbezogene Informationen, d. h. Kosteninformationen als Grundlage und als Orientierungshilfe der Bewilligung von Ausgaben mehr denn je Not. Sie erzwingen eine enge Verknüpfung mit der Leistungsphäre und sind dadurch nicht nur zu rechtfertigen in der Lage, warum genau jetzt und im genannten Umfang Mittel beansprucht werden müssen, ohne die die bereits akzeptierten Ziele gar nicht oder später jedenfalls sehr viel aufwendiger erfüllt werden könnten, sondern sie lassen gleichzeitig erkennen, welche Leistungen für wen zu welchen Kosten erstellt werden sollen und wie sich diese Kosten (letztlich damit auch die Ausgaben) auf den gesamten Zeitraum der Leistungsabgabe verteilen. Damit ergibt sich gleichzeitig die Anregung zur Einbeziehung der Folgekosten, die einmalige Ausgaben nicht selten hervorrufen und die bei dem ausgabenorientierten Denken in der Vergangenheit bisher regelmäßig zu Überraschungen geführt haben. Darüber hinaus stellt sich fast automatisch die Tendenz zu einer personenunabhängigen, dafür jedoch projektorientierten Kritik an der jeweiligen Staatsaufgabe ein.

Fällen z. B. die Verantwortlichen eines Unternehmens der Privatwirtschaft die Entscheidung darüber, eine umfangreiche Produktionsausweitung durchzuführen, so orientieren sie sich kaum an vergangenen Ausgabenwerten. Wohl aber analysieren sie vorher die erwarteten Kosten des Projektes (von der Aufrechnung periodisierter Ausgaben- und Einnahmeströme abgesehen), mit deren Hilfe sie an die Eigentümer »unpopuläre« Kapitalanforderungen herantragen, die letztlich für den Bestand des Unternehmens die einzig richtige Entscheidung sind [219]. Bei entsprechender Verfahrensweise im öffentlichen Bereich, d. h. bei einer Institutionalisierung des Kostendenkens, würde man sich den Rückgriff auf Formalargumente wie »Investitionen« in der Zukunft sparen können, mit denen ebensowenig gesagt wird wie mit der Bekanntgabe, daß z. B. 30 neue Hochschulen gebaut werden sollen, ohne daß man die erwarteten benefits derartiger Projekte konkretisiert.

Es ist verständlich, daß dem Prozeß der Mittelbewilligung durch Kostenanalysen nicht

[216] Mey, A., Wirtschaftliche Kostenrechnung und vermögensrechtliche Staatsbuchhaltung, in: Die Wirtschaftlichkeit in der öffentlichen Verwaltung, Schriftenreihe der Forschungsstelle für Staats- und Kommunalwirtschaft, NF, Wiesbaden, Berlin 1953, S. 26 f.

[217] Schmölders, G., Finanzpolitik, 3. Aufl., a.a.O., S. 117.

[218] Ebenda, S. 117 f.

[219] Knappmann, G., Betriebliche Investitionswirtschaft, Köln–Opladen 1970, S. 33 ff.

der Charakter von politischen Entscheidungen über »Ausgaben« genommen werden kann, wohl aber stehen diese Entscheidungen mit ihrer Hilfe auf einem transparenten Fundament, so daß sie zugleich erkennen lassen, inwieweit mit den Ausgaben auch über Kosten entschieden worden ist. Damit gehören die Kostenanalysen eindeutig zu den für die Planungs- und Entscheidungsgremien einschließlich der Öffentlichkeit immer wieder geforderten Informationen; sie erst machen eine rationelle Haushaltsplanung auf allen Stufen der Mittelbewilligung möglich [220].

b) Die Kostenanalyse als Grundlage einer rationalen Prioritätenskala

Die Nachteile der bisherigen Budgetaufstellung werden vor allem in der Kurzfristigkeit und damit Kurzsichtigkeit gesehen, die dazu führen muß, daß über die Ziele der Staatstätigkeit und ihre Rangskala selbst Unklarheit herrscht. Die Folge ist ein Mangel an ökonomischen Alternativen, der seinerseits in der Vergangenheit oft zu einem Überwiegen bloßer politischer, oft auch traditioneller oder gar gefühlsmäßig begründeter Erwägungen geführt hat [221]. Daß Kostenanalysen, wie im vorigen Punkt angedeutet, zu einer besseren Zielfindung beitragen können, kann wohl angenommen werden.

Erhebliche Verbesserungen scheint nun die institutionelle Umstellung auf das »Planning-Programming-Budgeting-System« (PPBS) zu versprechen, das zwar das Kardinalproblem, die optimale Aufteilung der öffentlichen Mittel auf die verschiedenen Bereiche der Staatstätigkeit, ebenfalls nicht zu lösen vermag [222], jedoch wenigstens von der Zielformulierung her Eindeutigkeit und unter Einschaltung der »cost-benefit-analysis« rationale Realisationsverfahren anzubieten hat.

Das PPBS »lehnt sich an die in der Führung großer Unternehmungen mit Erfolg praktizierte Methode des Management by Objectives an«, bei der den nachgeordneten Stellen genau bestimmte Ziele vorgegeben werden. Der Haushaltsplan wird hier, ausgehend von den durch den parlamentarischen Willensbildungsprozeß festgelegten, operational definierten Zielen der Staatstätigkeit, auf dem Wege aufgestellt, daß die für die verschiedenen nationalen Ziele zuständigen Ressorts Alternativprogramme entwickeln, von denen anschließend das wirtschaftlichste ausgewählt wird [223]; nur die zu seiner Verwirklichung benötigten Mittel werden endgültig in den Etat eingesetzt.

Lautet etwa für das Ressort »Unterricht und Bildung« das operational definierte Ziel: Ausweitung des Hochschulbereichs um 50 % der bisher vorhandenen Studienplätze innerhalb eines Zeitraumes von 5 Jahren, so sind entsprechende Durchführungsalternativen zu entwickeln, die sich in den einzelnen Kategorien und Subkategorien jeweils an den Kosten-Nutzen-Relationen orientieren sollen.

Die Setzung von Prioritäten der obersten Kategorie erscheint, bezogen auf die genannte Zielsetzung, freilich auch diesmal höchst problematisch [224]. So kann die Frage, ob der Ausbau des Studiengangs A dem des Studiengangs B zeitlich vorgezogen werden soll, nur dann eindeutig beantwortet werden, wenn beide Projekte die gleichen Kosten vorweisen, die vorzeitige Realisierung des Studiengangs A jedoch den höheren Nutzen stiftet. Logisch ist diese Entscheidung allerdings nur dann, wenn beide Alternativen uneingeschränkt miteinander vergleichbar sind [225], eine bereits an früherer Stelle dieser Arbeit eingehend

[220] Albers, W., Anforderungen an eine moderne Haushaltswirtschaft, in: Theorie und Praxis des finanzpolitischen Interventionismus, F. Neumark zum 70. Geburtstag, Tübingen 1970, S. 348.
[221] Schmölders, G., Finanzpolitik, 3. Aufl., a.a.O., S. 85.
[222] Ders., Finanzpolitik, 3. Aufl., a.a.O., S. 82 ff.
[223] Ders., Finanzpolitik, 3. Aufl., a.a.O., S. 83.
[224] Vgl. hierzu auch Abschnitt B, IIb.
[225] Ebenda.

behandelte Frage, die auf den Tatbestand mehrerer Studiengänge bezogen jedoch nur selten und unter ganz bestimmten Voraussetzungen gegeben sein wird. Problematisch bleibt sie wohl in jedem Fall hinsichtlich der Zielsetzung, denn die globale Forderung eines gleichmäßigen Wachstums der Studienplätze aller Ausbildungsgänge dürfte im Grunde genommen kaum Prioritäten zwischen A und B zulassen, vielmehr hätten beide Studiengänge gleichermaßen erweitert werden müssen. Vollkommen eindeutige Entscheidungen lassen sich demgegenüber bei der nächsttieferen Kategorie finden, wenn es sich z. B. um die Frage handelt, ob die Ausweitung von Studienplätzen entweder durch die Erweiterung bzw. Rationalisierung einer bestehenden Hochschule (Kostendegression) oder aber durch den Neubau selbständiger Institutionen erfüllt werden soll. Hier beginnt das eigentliche Einsatzgebiet der Kosten-Nutzen-Analysen; sie werden in solchen Fällen ebenso klare Richtungen weisen, wie bei der Wahl der Einrichtungsgegenstände, der Standortwahl, der Ausbildungsverfahren und der Unterrichtstechniken.

Handelt es sich im Bildungsbereich um die Frage von Prioritäten, dann kann die Kostenanalyse also nur innerhalb eines festen Programms bzw. Verfahrens [226] sogenannte Durchführungsprioritäten setzen, selten und allein unter besonderen Voraussetzungen ist sie dagegen dazu in der Lage, Zielprioritäten logisch zu begründen, eine Problematik, die der Kosten-Nutzen-Analyse nur zu leichtfertig unterstellt wird, vielleicht deshalb, weil sie heute noch das politische Problem erster Ordnung ist.

Der Zwang zur optimalen Verwendung der öffentlichen Mittel ergibt sich jedoch nicht erst dann, wenn eine zusätzlich zu finanzierende Ausweitung des Hochschulbereichs in seiner Gesamtheit bzw. einzelner Ausbildungswege zur Debatte steht; er besitzt in Anbetracht des Fehlens ökonomisch eindeutiger Zielprioritäten um so mehr schon dann größeres Gewicht, wenn man nach der Wirtschaftlichkeit der bereits durch die Hochschulen gebundenen Finanz- und Vermögensmassen fragt. Engpaßsituationen, die in unserem augenblicklichen System durch die steigende Verbreitung von Studiengängen mit »Numerus clausus« zutage treten, könnten, vorausgesetzt man wollte es, wahrscheinlich zu einem nicht geringen Teil dadurch behoben werden, daß man dem Prinzip der »inneren Rationalität«, wie H. Haller [227] das Wirtschaftlichkeitsprinzip für den öffentlichen Sektor bezeichnet hat, auch innerhalb der Hochschulinstitutionen erhöhte Aufmerksamkeit schenkt.

II. Die Kosten als Maßstab der Wirtschaftlichkeit

Es besteht kein Zweifel, daß sich der Staat, dann, wenn Umfang und Qualität der von ihm zu erbringenden Leistungen festgestellt sind, ernsthaft bemühen muß, diese Leistungen bei gegebenen Preisen der Produktionsfaktoren möglichst wirtschaftlich herzustellen [228]; M. Schachtner geht sogar so weit, den Grundsatz der Sparsamkeit und Wirtschaftlichkeit beim Tätigwerden der öffentlichen Verwaltung an die erste Stelle ihres Aufgabenkatalogs zu setzen [229].

Schreiben § 96 der alten Reichshaushaltsordnung und § 70 der neuen Bundeshaushaltsordnung in analoger Anwendung für die Länder, in deren Aufgabenbereich die Hochschulausbildung – von der Gemeinschaftsaufgabe »Ausbau und Neubau der wissenschaftlichen Hochschulen« abgesehen – fällt, der Finanzkontrolle sogar gesetzlich vor, festzu-

[226] Dathe, H. M., Einige analytische Hilfsmittel zur Unterstützung staatlicher Planungsaufgaben, Reform und Struktur von Bundesregierung und Bundesverwaltung, S. 531.
[227] Haller, H., Finanzpolitik, Grundlagen und Hauptprobleme, 4. Aufl., Tübingen 1968, S. 289 ff.
[228] Haller, H., a.a.O., S. 289.
[229] Schachtner, M., Die Wirtschaftlichkeit der öffentlichen Hand, a.a.O., S. 106.

stellen, ob die öffentlichen Mittel wirtschaftlich und sparsam verwendet werden, so muß diese Vorschrift so lange nichts weiter als eine Leerformel bleiben [230], als zum einen das Wirtschaftlichkeitsprinzip für den öffentlichen Bereich nicht grundlegend interpretiert wird und zum anderen keine rechentechnischen Verfahren eingesetzt bzw. anerkannt werden, deren Ergebnisse »fast automatisch« Impulse zur wirtschaftlicheren Verwendung der Mittel aussenden und mit denen ex post nachgeprüft werden kann, ob und in welchem Umfang das Sparsamkeitsprinzip eingehalten worden ist.

Das Wirtschaftlichkeitsprinzip kann ganz allgemein als eine Zweck-Mittel-Beziehung angesehen werden, die für jeden irgendwie gearteten Produktionsprozeß gilt. Sie stellt als Handlungsmaxime die Forderung nach dem optimalen Verhältnis von Aufwand zu Ertrag: Mit einem gegebenen Aufwand soll der maximale Ertrag, ein vorher festgelegter Ertrag dagegen soll mit minimalem Aufwand erzielt werden, wobei in der Handlungsphase bereits so zu verfahren ist, daß dieses Prinzip soweit als möglich eingehalten wird und in der Kontrollphase festgestellt werden kann, ob bzw. in welchem Grad es realisiert worden ist [231].

In der praktischen Anwendung stellt sich das Wirtschaftlichkeitsprinzip allerdings kaum in dieser absoluten, maximierenden bzw. minimierenden Form, sondern hier geht es vielmehr um ein möglichst günstiges Verhältnis einer Sollgröße zu einer Istgröße der gleichen Dimension und Art [232], also um das Verhältnis von Sollkosten zu Istkosten einerseits und Sollertrag zu Istertrag andererseits [233]. Sagt der Kostenansatz, daß unter der Voraussetzung eines sowohl in quantitativer als in qualitativer Hinsicht fixierten Ertrages die Istkosten der tatsächlichen Produktion den vorher theoretisch abgeschätzten Sollkosten möglichst gleichkommen sollen, so verlangt der Ertragsansatz, daß unter der Voraussetzung eines gleichbleibenden Faktoreinsatzes bzw. Kostenumfangs der tatsächliche Ertrag in qualitativer und quantitativer Hinsicht dem vorher geschätzten Ertrag entspricht. Der Grund für den Unterschied dieses gemilderten und für die Praxis relevanteren Wirtschaftlichkeitsprinzips gegenüber der strengen, theoretischen Variante liegt darin, daß man es nur in der Theorie mit eindeutig bestimmten Produktionsfunktionen zu tun haben kann, für die die Existenz einer Minimalkostenkombination denkbar erscheint; in der Praxis dagegen scheidet der Fall einer solchen, vorher berechenbaren Produktionsfunktion bereits dann aus, wenn es sich um einen Prozeß mit dem geringsten Anflug von Komplexität handelt, was ganz sicher für die Erstellung der staatlichen Leistung »akademische Ausbildung« gelten dürfte. Alle Versuche, für die Produktion von Hochschulausbildungen »Produktionsfunktionen« aufzustellen, wie es etwa J. Olivera [234] versucht hat, können keine praktisch brauchbaren Ergebnisse liefern.

[230] Beispiele dafür, wie gerade die Öffentlichkeit an der sparsamen Wirtschaftsführung der deutschen Hochschulen zweifelt, bieten die folgenden Artikel: Heerwagen, F., Im Labyrinth des Studiums, sind unsere Universitäten unökonomische Betriebe?, in: Handelsblatt Nr. 130 v. 11./12. 7. 69, S. 21. Frenzel, I., Was kostet das Studium, in: Süddeutsche Zeitung, Nr. 111 v. 9./10. 5. 70.

[231] Vgl. hierzu insbesondere: Loitlsberger, E., Das Wirtschaftlichkeitsprinzip, Analyse und Erscheinungsformen, Wien 1955.

[232] Schachtner, M., a.a.O., S. 240.

[233] Auch die Privatwirtschaft kennt übrigens bei der praktischen Produktionsaufnahme in den seltensten Fällen exakte Produktions- und Kostenfunktionen; sie gibt sich vielmehr bereits damit zufrieden, die Stückkosten mit »einer Genauigkeit« vorauszuschätzen, um die Produktion anhand dieser sich selbst gesetzten »Sollwerte« zu überwachen, beständig das Ziel verfolgend, die Kosten zu senken.

[234] Olivera, Julio H. G., Die Universität als Produktionseinheit, in: Weltwirtschaftl. Archiv 98, 1967, Heft 1, S. 53 ff. Ottwaska, D., Die Schule als Bildungsbetrieb, in: Wirtschaft und Erziehung, Heft 4, 1967, 19. Jg., S. 145–153.

Wenn man nun davon ausgeht, daß Ertragsverbesserungen im öffentlichen Sektor zweifellos schwieriger zu messen sind als etwa Kostensenkungen, so bietet sich A. HÜTTLS [235] Interpretation des Wirtschaftlichkeitsprinzips als allgemeines Sparsamkeitsprinzip an, mit der er der öffentlichen Verwaltung recht detaillierte und konkrete Kriterien vermittelt, an denen sie im einzelnen ihr Handeln ausrichten kann:

Prinzip der Sparsamkeit

Prinzip der *dynamischen* Sparsamkeit (bei der Nutzung von unverbräuchlichen Vermögensmitteln)	Prinzip der *statischen* Sparsamkeit (bei der Verwendung von verbräuchlichen Mitteln)
a) Prinzip des Verwaltens am optimalen Standort	a) Prinzip optimaler Geschwindigkeit bei der »Produktion«
b) Prinzip des optimalen Verfahrens (schneller, klarer, konsolidierter Vollzug)	b) Prinzip optimaler Dimensionierung der Mittel
	c) Prinzip der optimalen Bestände

Ob sich die Verwaltung allerdings an dieses Prinzip hält bzw. in der ex-post-Betrachtung gehalten hat, kann nur anhand eines derartigen Schemas noch nicht festgestellt werden, hierzu sind Kontrollverfahren notwendig, die über die ökonomischen Konsequenzen der staatlichen Aufgabenerfüllung Auskunft geben.

Resultieren innerhalb der Privatwirtschaft ständige Impulse zur Rationalisierung, Kostensenkung und damit zur Wirtschaftlichkeitskontrolle fast automatisch aus den autonomen Kräften des Marktes, so fehlt im Hochschulbereich zumeist ein derartiger, von außen wirkender Zwang zur Selbstbeschränkung [236], es sei denn, von höchster Instanz werden »Sparsamkeitskampagnen« angeordnet [237], welche jedoch so lange keinen nachhaltigen Erfolg vorweisen, als nicht genau festgestellt werden kann, wohin welche öffentlichen Mittel geflossen sind.

Liegt es auf der Hand, für den öffentlichen Bereich wenigstens Kosteninformationen zum Maßstab einer Wirtschaftlichkeitskontrolle zu machen [238], so hat sich dieser Gedanke bis heute noch nicht durchsetzen können. Von finanzwissenschaftlicher Seite [239] wird dazu angeführt, daß die Wirtschaftlichkeitskontrolle der staatlichen Leistungserstellung über Kosteninformationen im Gegensatz zur Privatwirtschaft nicht nur problematisch, sondern sogar illusorisch sei, da alle Kostenrechnungsverfahren mangels exakter Erfassungs- und Zurechnungsmethoden nur fragwürdige Ergebnisse zu liefern imstande sind, ein Argument, das zumindest für den Hochschulbereich auf Grund der Abschnitte C und D dieser Arbeit weitgehend entkräftet werden konnte.

Bezweifelt H. HALLER darüber hinaus [240], daß selbst von der Institutionalisierung einer Kostenrechnung bereits so etwas wie ein automatischer Zwang für die öffentliche Verwal-

[235] HÜTTL, A., Das Wirtschaftlichkeitsprinzip in der öffentlichen Verwaltung, in: 250 Jahre Rechnungsprüfung, hrsg. vom Bundesrechnungshof, Frankfurt 1964, S. 218.

[236] U. Haeberlin schreibt dazu: »Gewisse Forschungsinstitute an Universitäten könnten voraussichtlich lange nichts tun, ohne daß ihr Nichtfunktionieren überhaupt festgestellt werden kann, weil kaum jemand außerhalb dieses Instituts in der Lage ist, die erreichten Ziele zu beurteilen.« HAEBERLIN, U., Ein neuer Planungsstil, in: NZZ Nr. 256 v. 17. 9. 70, S. 85, Fernausgabe.

[237] Ein vorübergehendes Beispiel dafür war die Tätigkeit des Reichssparkommissars. Vgl. HECKEL, H., Schule und Reichssparkommissar. Die schulpolitische und schulfinanzpolitische Gegenwartsbedeutung der Prüfungsergebnisse des Reichssparkommissars, Berlin und Köln 1954.

[238] Die Empfehlungen des Wissenschaftsrates zur Struktur und zum Ausbau des Hochschulbereichs, a.a.O., S. 19, schlägt jetzt erstmals die Einführung von Kostenrechnungen vor.

[239] HALLER, H., Finanzpolitik, a.a.O., S. 291 f.

[240] Ebenda, S. 292.

tung zur Sparsamkeit ausgeht, so muß offen darauf hingewiesen werden, daß damit weniger die Kostenrechnung als Grundlage der Wirtschaftlichkeitskontrolle selbst, als vielmehr die Verwaltungsorganisation in ihrer formalen und materiellen Schwerfälligkeit in Frage gestellt wird. Zwingt man nämlich die Verwaltung etwa durch den Einbau ganz bestimmter, kostenorientierter Erfolgsmaßstäbe [241], die Kosteninformationen zu nutzen, dann kann angenommen werden, daß sich der gewünschte Erfolg auch einstellen wird, jedenfalls eher einstellen wird, als wenn man, wie das bisher der Fall ist, auf ein von subjektiven Beurteilungskriterien gesteuertes Verantwortungsbewußtsein der Staatsbediensteten vertraut und allenfalls die Rechnungsprüfungsstellen auf die Überwachung dieses Verantwortungsbewußtseins hin aufmerksam macht [242]. Mit der Institutionalisierung der Kostenrechnung muß allerdings eine gewisse Lockerung der budgettechnischen, sachlichen Bindung der Mittel (Spezialität) verbunden sein, die die Möglichkeit der Übertragung von Mitteln einräumt, da erst so ihre optimale Verwendung möglich wird; darüber hinaus sind bei der Verwaltung ein allgemeines Interesse an den meist erst in der jüngsten Zeit entwickelten Rationalisierungsmaßnahmen sowie eine gewisse Experimentierfreudigkeit zu wecken. Rationalisieren läßt sich im Hochschulbereich sicherlich vieles und zumindest zur Beantwortung dieser Frage verspricht die Bildungsökonomie in kurzer Zeit wertvolle Anregungen und Lösungsvorschläge vorzubereiten.

Geht es bei Kostensenkungen ganz allgemein immer darum, den Personal- und Kapitalbedarf je Ausbildungseinheit zu mindern, oder, was den gleichen Effekt hat, den vorhandenen Kapital- und Personalbestand besser auszunutzen, dann bedeutet das auf personellem Gebiet zunächst eine konsequentere Berücksichtigung der Vorteile von Arbeitsteilung und Spezialisierung [243]. Es ist kostenmäßig einfach nicht zu vertreten, daß hochbezahlte wissenschaftliche Lehrkräfte mehr als die Hälfte ihrer Arbeitszeit mit sekundären Verwaltungsarbeiten verbringen bzw. wertvolles Forschungspersonal überwiegend mit Routinelehrveranstaltungen beauftragt ist [244]. Personelle Rationalisierung heißt aber auch, auf die bildungstechnologischen Neuheiten der Gegenwart zurückgreifen zu müssen, selbst wenn dadurch kapitalmäßige Neuanforderungen notwendig werden sollten.

»Gegen Massenverhältnisse helfen nur Massenmedien« [245]; sie sind es, die die Kosten der Ausbildung wesentlich senken können. Soweit sich das z. B. fachspezifisch machen läßt, sollte die bislang sehr hohe Personalbindung durch »programmierte Instruktionen« [246], die zudem noch den Vorteil der Unterrichtsindividualisierung haben, hochschulinternes Fernsehen, Sprachlabors sowie Tonband- und Schallplattenlektionen, jeweils gekoppelt an ein automatisches »feed-back-system«, ersetzt werden. Die neueste Idee der offiziellen Bildungspolitik, das »Studium im Medienverbund«, beabsichtigt sogar die Unterrichtung aus den Räumen der Universität auszugliedern, und in die Massenmedien Rundfunk und Fernsehen zu integrieren [247]. Amerikanische Untersuchungen lassen zwar in beängstigender Weise darauf schließen, daß solchen Innovationen zur Zeit nicht nur die erwähnten fachspezifischen, sondern viel schlimmer, irrationale Hemmnisse entgegenstehen; damit

[241] Vgl. hierzu auch Abschnitt E, II, S. 60.

[242] Ebenda.

[243] Edding, F., Arbeitsteilung hilft Bildungsaufgaben rationeller lösen, in: Handelsblatt Nr. 114 vom 19./20. 6. 1970, S. 16.

[244] Steinbuch schätzt die Kosteneinsparungen bzw. Leistungssteigerungen, die sich ergeben würden, wenn man durch bessere Organisation mit der unproduktiven Arbeit aufräumen würde, auf mindestens 25 %. Vgl. Steinbuch, K., Programm 2000, Stuttgart 1970, S. 160.

[245] v. Recum, H., a.a.O., S. 66.

[246] Deutsch, R., Keine Angst vor programmierten Instruktionen, in: Der Volkswirt, Nr. 24, 17. Jg., 14. 6. 63, S. 1196–1199.

[247] Bulletin des Presse- und Informationsamtes der Bundesregierung, Nr. 38 v. 19. 3. 1970, S. 101.

wird jedoch nicht ausgeschlossen, daß auf diesem Wege, nimmt man ihn ernst und propagiert man ihn nachhaltig, große Kostensenkungen herbeizuführen sind [248].
Kapitalkostensenkungen, die besonders für kapitalintensive Ausbildungswege, wie etwa die der Ingenieure und Physiker, von Bedeutung sind, bedingen eine bessere Nutzung des im Universitätsvermögen gebundenen Kapitals; so wird z. B. eine ökonomisch ausgerichtete Verteilung der Geräte, Hörsäle und Übungsräume in den Semesterzeiten ebenso anzustreben sein wie eine zeitweilig durchzuführende Fremdnutzung der Universitätseinrichtungen. Die Hörsäle etc. könnten z. B. in Leerzeiten (Semesterferien) an private Institutionen für Vortragsveranstaltungen etc. vermietet werden, will man auch in Zukunft eine kontinuierliche Studienzeit bzw. die Einführung des Schichtbetriebes vermeiden. Es sollte jedoch im Grunde genommen ernsthaft überlegt werden, ob sich nicht gerade das kapitalkostensparende Verfahren des Schichtbetriebes [249], das sich bei der privatwirtschaftlichen Fertigung ausgesprochen bewährt hat, zumindest durchgeführt als Zweischichtsystem während eines Jahres (Erste Schicht: Semester–Semester; zweite Schicht: Semesterferien–Semesterferien), ganz abgesehen von einem Zweischichtbetrieb während eines Tages, nicht auch im Hochschulbereich verwirklichen läßt.
Was schließlich den Verbrauch an Hilfs- und Betriebsstoffen anbelangt, so ist z. B. für die landwirtschaftliche Ausbildung, die infolge des Betriebes zahlreicher Versuchsgüter zwangsläufig materialintensiv sein muß, zu fragen, wo die ausbildungsnotwendigen Kosten aufhören und die Luxuskosten anfangen, Kosten, die fast schon »versteckten Subventionen« für bestimmte Berufsgruppen gleichen, die Ausgliederung geschlossener materialintensiver Institutionen aus dem Hochschulbereich und die Einbettung dieser Institutionen in die privatwirtschaftliche Sphäre bzw. gesonderte öffentliche Aufgabenbereiche dürfte in solchen Fällen mit rationalisierenden Effekten verbunden sein, die die Ausbildungskosten auf ihre wahre Größe, die Kosten der Berufsausbildung, zurückführen helfen.
Allen diesen Änderungen haben genaueste Analysen vorauszugehen, was zu rationalisieren ist und welche Maßnahmen den jeweils größten kostensenkenden Effekt hervorrufen werden; dabei wird die »cost-benefit-analysis« erneut gute Dienste leisten können [250].
Bereits im einzelnen bewertete Rationalisierungsanalysen sind bisher freilich noch das »Stiefkind« der Forschung [251]; sie allein bilden jedoch den Schlüssel für die Kenntnis und zugleich Verbesserung der Wirtschaftlichkeit des Unterrichtswesens im allgemeinen und des Hochschulwesens im speziellen [252]. Sie sind damit zugleich aber die Voraussetzung dafür, daß die finanzpolitische Forderung nach optimaler Verwendung der öffentlichen Mittel auch nur annähernd erfüllt werden kann.

[248] Mort, P. R., Studies in Educational Innovation, in: Miles, M. B., Innovation in Education, New York 1964, S. 1317 ff., zit. nach v. Recum, H., a.a.O.: »Erfahrungsgemäß benötigen Schulen zur Übernahme und Eingliederung von Innovationen erheblich mehr Zeit als andere Einrichtungen des gesellschaftlichen und wirtschaftlichen Lebens. Für die Vereinigten Staaten wurde für die Vergangenheit ermittelt, daß 15 Jahre nach Erscheinen einer Neuerung diese erst in 3 % der Schulen Fuß gefaßt hatte. In den nachfolgenden zwei Jahrzehnten erfolgt dann der eigentliche Durchbruch, aber im allgemeinen vergehen doch insgesamt 50 Jahre, bis die Neuerung generell eingeführt ist.«

[249] Schiller, H., Schichtbetrieb an den Universitäten?, in: Münchner Merkur vom 3./4. 1. 70, S. 3.

[250] Albers, W., Anforderungen an eine . . ., a.a.O., S. 355.

[251] Vgl. hierzu Krommweh, B., Die Schule, ein Stiefkind der Rationalisierung, in: Fortschrittliche Betriebsführung, 15/1966, Heft 3, S. 61 ff. Ilg, R., Rationalisierung im Bibliothekswesen der USA, in: NZZ, Fernausgabe, Nr. 234 v. 28. 6. 1970, S. 4.

[252] v. Recum, H., a.a.O., S. 62.

III. Die Kosten als Indikator eines »unsichtbaren« Finanzausgleichs

Weist G. Schmölders in Anbetracht der gegenwärtig geltenden deutschen Finanzausgleichsregelungen, deren Kompliziertheit, soweit es jedenfalls die Verteilung der öffentlichen Einnahmen anbelangt, durch die Finanzreform von 1969 noch wesentlich gesteigert worden ist, darauf hin, daß die Finanzausgleichsproblematik im föderativen Deutschland heute bereits das Odium einer »Geheimwissenschaft« umgibt [253], so mag es kaum angebracht sein, weiter erschwerende Vorschläge und Gedanken zur Ergänzung einer ohnehin hochkomplizierten Technik vorzubringen; es sei denn, sie sind dazu geeignet, auf für den Finanzausgleich grundsätzliche Erscheinungen aufmerksam zu machen, wie man sie theoretisch bisher – wenn auch nur teilweise – unter der Bezeichnung »unsichtbarer Finanzausgleich« zusammengefaßt hat [254]. Daß dazu zweifellos auch die Nutzung von Einrichtungen eines Bundeslandes durch die Bewohner eines anderen Bundeslandes gehört, deren finanzwirtschaftliche Konsequenzen allein durch Kosteninformationen zum Ausdruck kommen können, läßt sich an den gültigen rechtlichen Tatbeständen, welche die Hochschulausbildung in der BRD regeln, verhältnismäßig mühelos nachweisen. Mögen ähnliche Überlegungen im Bereich des praktischen kommunalen Finanzausgleichs auch schon seit längerem angestellt worden sein, wenn es z. B. galt, Finanzkraft und Finanzbedarf von sogenannten »Betriebsgemeinden« und »Wohngemeinden« aufeinander abzustimmen [255], so stellen sie bei den Beziehungen zwischen den einzelnen Bundesländern ein beachtenswertes Novum dar.

Zur Verdeutlichung der grundsätzlichen Problematik ist es von Vorteil, die öffentlichen Leistungen in solche, die ausgesprochen regionalen Charakter haben, und solche, die als überregional anzusprechen sind, einzuteilen, wobei die Abgrenzung freilich ausschließlich anhand absoluter, die Bedürfniskataloge der gesamten Volkswirtschaft sowie die der einzelnen Länder berücksichtigenden Kriterien zu treffen ist, als die Wahlentscheidung unter das Joch eines manchmal überspitzten Länderselbstverwaltungs-Postulats zu stellen. Angenommen, eine derartige Abgrenzung könne mit ebenso nüchternen wie plausiblen Argumenten gefunden werden, dann wäre je nach dem Charakter der jeweiligen Staatsaufgabe ihre Berücksichtigung im Finanzausgleich unterschiedlich zu gestalten.

Entstammen die nutzbaren öffentlichen Leistungen z. B. dem Bereich regional begrenzter Staatsaufgaben, so wäre der Kostenausgleich zwischen den Bundesländern so vorzunehmen, daß jedes Land nur diejenigen Kosten zu tragen hat, die für die eigenen Einwohner angefallen sind. Handelt es sich dagegen um ihrem Wesen nach überregionale Leistungen, so erschiene entweder eine volle Belastung des Bundes zweckmäßig, oder aber, sollte aus irgendwelchen Gründen die direkte Finanzierung durch die Länder beibehalten werden, die Lastenverteilung ausschließlich entsprechend der jeweiligen Finanzkraftverteilung angebracht zu sein.

Der Finanzausgleichsbegriff ist im weitesten Sinne zu interpretieren, so, wie ihn unter Zugrundelegung des Gedankengutes von J. Popitz und R. Stucken, z. B. W. Bickel [256]

[253] Schmölders, G., Finanzpolitik, 3. Aufl., a.a.O., S. 172.

[254] Als unsichtbaren Finanzausgleich bezeichnet G. Schmölders alle jene Erscheinungen, »die infolge von gesetzlichen Einzelbestimmungen, Sonderregelungen und Absprachen auf die finanziellen Beziehungen verschiedener Gebietskörperschaften in der Weise einwirken, daß das in den grundlegenden Finanzausgleichsbestimmungen legalisierte Verhältnis von Aufgabenlast und Finanzkraft – ungewollt oder bewußt verdeckt – zugunsten oder zuungunsten einer bestimmten Gebietskörperschaft verschoben wird«. Vgl. Schmölders, G., Finanzpolitik, 3. Aufl., a.a.O., S. 172.

[255] Albers, W., Art. Finanzausgleich, in: HdSW, Bd. 3, S. 568. Schmölders, G., Finanzpolitik, 3. Aufl., a.a.O., S. 166 f.

[256] Bickel, W., Der Finanzausgleich, Art. in: HdF, 2. Aufl., Tübingen 1956, S. 720–788, S. 732.

vertreten hat, der im Gegensatz zu J. JESSEN [257] unter Finanzausgleich nicht ausschließlich die Aufteilung der öffentlichen Einnahmen auf die verschiedenen Gebietskörperschaften eines Landes verstanden wissen wollte, sondern auch die Verteilung der Rechte und Pflichten, bestimmte Aufgaben zu erfüllen und dafür Ausgaben zu machen, mit in die Überlegungen einbezogen hat. Danach umfaßt die Finanzausgleichsproblematik also sowohl die Leistungs- als auch die Finanzierungsseite der staatlichen Aktivität.

Was den Hochschulbereich, d. h. Aufbau und Unterhalt von Wissenschaftlichen Hochschulen in Deutschland anbelangt, so wird man dieser Staatsaufgabe wesensmäßig eher überregionalen als regionalen Charakter zusprechen können, obwohl der Finanzausgleich bis vor kurzem formal eindeutig in der Weise geregelt war, daß man sowohl was die Aufgabendurchführung als auch was die Finanzierung anbelangte, ausschließlich dasjenige Bundesland zur Verantwortung zog, auf dessen Staatsgebiet die Hochschule beheimatet war. Es konnte demzufolge auch kaum verwundern, daß sich reiche und bildungsfreudige Landesparlamente der Hochschulentwicklung gegenüber »großzügiger« verhielten als etwa ärmere Länder, sieht man von unterschiedlichen Unterstützungszahlungen des Bundes [258] zur Bestreitung von sogenannten »Einmaligen Ausgaben« ab, ein Trend, der für die Entwicklung des Hochschulwesens insgesamt kaum positiv zu nennen war und den es auszugleichen galt; eine Möglichkeit dazu bot sich an in Form von Empfehlungen des Wissenschaftsrates und des Bildungsrates sowie in einer engeren Zusammenarbeit innerhalb der Westdeutschen Rektorenkonferenz bzw. auf der Ebene der Ständigen Kultusministerkonferenz.

Nachhaltigere Abhilfe zu schaffen versprach aber erst eine stärkere Einflußnahme des Bundes, und so erscheint es nur logisch, daß man die Rechte und Pflichten des Bundes auch verfassungsrechtlich derart absicherte, daß die Ausbildung des deutschen Staatsbürgers an wissenschaftlichen Hochschulen in Zukunft als sogenannte Gemeinschaftsaufgabe [259] von Bund und Ländern durchgeführt werden sollte. Sind auch die näheren Einzelbestimmungen über die praktische Planung und Ausführung erst in einem zur Zeit noch diskutierten Bundesgesetz über diese Gemeinschaftsaufgaben festzulegen, so besteht, was die finanzielle Seite anbelangt, mit Absatz 4 des Artikels 91 GG bereits volle Klarheit: Der Bund trägt grundsätzlich 50 % der Aufwendungen für den Ausbau und Neubau von wissenschaftlichen Hochschulen in jedem Land.

Formaljuristisch ist damit bereits ein für die Zukunft sicher nicht unbedeutender Teilbereich, nämlich Ausbau und Neubau von Hochschulen, des regionalen Charakters enthoben worden; die Vermutung liegt nahe, daß sich diese Entwicklung auch hinsichtlich des Unterhalts der bereits bestehenden Institutionen fortsetzen dürfte, womit mehr und mehr auch formal bestätigt zu sein scheint, daß die Hochschulen schon von ihrer ganzen Konzeption als akademische Ausbildungsstätten her kaum regional gesehen werden können, ganz abgesehen davon, daß sich ja auch die praktische Nachfrage nach Studienplätzen von seiten der Bürger im Gegensatz zu den Nachfrageverhältnissen an den allgemeinbil-

[257] JESSEN, J., Art. Finanzausgleich, in: Wörterbuch der Volkswirtschaftslehre, Jena 1931, Bd. I, S. 786.

[258] Von 1948 bis 1968 haben die Länder knapp 30 Mrd. DM, das sind rund 84 % der gesamten Hochschulausgaben, aus ihren Haushalten bereitgestellt. Der Bund, der sich insbesondere am Ausbau der Hochschulen beteiligt, hat mit rund 5 Mrd. DM knapp 15 % der Mittel aufgebracht. In den letzten Jahren ist dieser Anteil auf 20 % angestiegen. Vgl. insbesondere: Bulletin des Presse- und Informationsamtes der Bundesregierung, Nr. 38 vom 19. 3. 70, S. 374.

[259] Zur Problematik der Gemeinschaftsaufgaben vgl.: HECKT, W., Zur Problematik der Gemeinschaftsaufgaben, in: FA, NF Bd. 28, 1969, Heft 1, S. 143 ff. Institut »Finanzen und Steuern«, Einzelfragen zur Finanzreform, Brief 100, Bonn 1968. KLEIN, L., Verfassungsrechtliche Grenzen der Gemeinschaftsaufgaben, in: Bd. 11 der Schriftenreihe der Hochschule Speyer, »Gemeinschaftsaufgaben zwischen Bund, Ländern und Gemeinden«, Berlin 1969.

denden und zwangsläufig familienabhängigen Grund- bzw. Hauptschulen, Real- und Oberschulen stets überregional zu verhalten pflegt.
Das bedingt aber, daß sich auch auf der Finanzierungsseite des Hochschulwesens entsprechend, d. h. überregional verhalten werden sollte, was – ungeachtet der direkten oder indirekten Finanzierungsform – zugleich die Forderung nach Angleichung der bisher von Land zu Land zu beobachtenden Belastungsunterschiede beinhaltet. Gerade die seit eh und je getreu der Garantiefunktion des Art. 12, Abs. 1 GG erfolgende überregionale Nachfrage nach akademischen Ausbildungseinrichtungen hat sich bisher so ausgewirkt, daß einzelne Länder, unabhängig von ihrer Bildungswilligkeit, wollten sie sich nicht auf die verhältnismäßig einfache Lösung des »numerus clausus« zurückziehen, fast gezwungen waren, relativ mehr Mittel für wissenschaftliche Hochschulen einzusetzen als andere, wogegen sie in Zukunft, wären ihnen die Effekte bekannt, mit Recht Einwendungen machen könnten [260].

Tab. 4 Die Ausbildungsintensität der Bundesländer

	Studierende an den Hochschulen der Bundesländer 1969[1]	Bevölkerungsstand am Jahresanfang 1969[2]	Ausbildungsintensität (Studenten : Bevölkerung) ∅ = 1 : 205
Schleswig-Holstein	7 699	2 528 700	1 : 328
Hamburg	19 441	1 822 800	1 : 94
Niedersachsen	23 558	7 039 200	1 : 299
Bremen	–	754 200	–
Nordrhein-Westfalen	70 039	16 950 500	1 : 242
Hessen	36 582	5 333 200	1 : 146
Rheinland-Pfalz	10 262	3 644 500	1 : 355
Baden-Württemberg	54 615	8 713 900	1 : 160
Bayern	56 045	10 405 600	1 : 186
Saarland	7 671	1 128 900	1 : 147
Berlin (West)	22 261	2 141 400	1 : 96

[1] Stat. Jahrbuch f. d. BRD 1970, IV. Bildung und Kultur, C. Tabelle 1, S. 75.
[2] Stat. Jahrbuch f. d. BRD 1970, I. Gebiet und Bevölkerung, Tabelle 5, S. 34.

Setzt man voraus, daß in jedem Land das Verhältnis von Einwohnerzahl zur Zahl der Studierenden an den wissenschaftlichen Hochschulen als Indikator für die Ausbildungsintensität anzusehen ist, der darüber Auskunft gibt, wie hoch die Kosten für die wissenschaftlichen Hochschulen je Einwohner sind, so müßte bei einer gerechten und den überregionalen Charakter der wissenschaftlichen Ausbildung berücksichtigenden Lastenverteilung die Ausbildungsintensität bei Ländern gleicher Finanzkraft ebenfalls gleich sein. Ein

[260] Erste Anzeichen einer entsprechenden Reaktion lassen sich im Grunde genommen schon heute nachweisen: Mehrere deutsche Hochschulen verzichten inzwischen bereits auf jede Gebührenbegleichung durch Studenten des eigenen Bundeslandes, wogegen »Ausländer im weitesten Sinne« auch jetzt noch finanziell beansprucht werden. Freilich entsprechen die derzeitigen Gebühren nur einem Bruchteil der angefallenen Kosten.

nur flüchtiger Blick in die Statistik von 1969 [261] – genau genommen wären für verbindliche Aussagen erst umfangreiche empirische Erhebungen anzustellen – zeigt aber bereits, daß in Wahrheit große Schwankungen auftreten (vgl. Tab. 4), und zwar im Jahre 1969 von 355 Einwohnern pro Student in Rheinland-Pfalz bis zu 144 Einwohnern pro Student in Hessen, wobei die Situation der Stadtstaaten als Sonderfall ausgeklammert bleiben soll, obwohl für sie der Unterschied im Grunde genommen noch gravierender zutage getreten wäre. Bislang jedoch hat der Faktor Hochschulausbildung im horizontalen Finanzausgleich in keiner Form Berücksichtigung gefunden, auch nicht bei der Vorabzuweisung von Ergänzungsanteilen aus den 25 % des Länderanteils an der Umsatzsteuer. Nach alledem kann die Forderung nach einer gerechteren Finanzausgleichsregelung kaum von der Hand gewiesen werden, wofür sich insbesondere zwei Alternativen anbieten.

Einmal kann der Ausgleich in der Form zustande kommen, daß die Belastungen des einen Landes durch ein anderes Land entweder bei der Festsetzung der differenzierten Länderanteile an der Umsatzsteuer (Mehrwertsteuer), insbesondere bei Inanspruchnahme der 25 %igen »Manövriermasse« [262] berücksichtigt oder aber mittels Lastenausgleichsauf- oder -abschlägen bei Feststellung der jeweiligen Steuerkraftmeßzahlen bzw. Ausgleichsmeßzahlen angeglichen werden. Diese, den derzeitigen Finanzausgleichskomplex weiter verwickelnden Tatbestände erfordern freilich exakte Kenntnisse darüber, in welcher tatsächlichen quantitativen Größenordnung dieses unsichtbare und sich laufend ändernde, horizontale Lastengefälle existiert. Hierzu wäre nicht nur die permanente Vornahme von sogenannten Verflechtungsanalysen erforderlich, die Auskunft darüber geben, wie sich im Zeitablauf die Studentenzahlen an den Hochschulen der einzelnen Länder aus Bürgern verschiedener Bundesländer rekrutieren, d. h. welches Bundesland für welches andere Bundesland wissenschaftliche Ausbildungsaufgaben mit übernommen hat. Vielmehr wäre zusätzlich dazu auch zu ermitteln, in welcher Form die Hochschulkosten der Länder dadurch unterschiedlich determiniert werden, daß einige Länder kostenintensivere Ausbildungswege anbieten als andere, denn wie inzwischen bekannt ist, unterscheiden sich die Kosten für die akademische Ausbildung zu technischen Berufen erheblich von denen geisteswissenschaftlicher Berufe.

Es fragt sich jedoch, ob der Einbau von sich im Grunde dauernd ändernden Finanzausgleichsgrundlagen in ein als verhältnismäßig starr zu bezeichnendes System des Finanzausgleichs überhaupt wünschenswert ist, oder ob man nicht grundsätzlich der zweiten Alternative den Vorzug geben sollte, die den Ausgleich der Belastungsunterschiede etwa unter Zugrundelegung eines »Verrechnungsschecksystems« [263] herbeiführt.

In diesem Fall stellt man den Studienanfängern von einer geeigneten Dienststelle ihres Wohnortes »Schecks« über einen Betrag aus, der den durchschnittlichen jährlichen Kosten einer »Musterhochschule« für dieses Fach entspricht [264]. Diese Schecks, die je nach der Fächerwahl des Studenten unterschiedlich hoch sind, werden an jeder deutschen Hochschule als »Gebührenäquivalent« für ein Studienjahr in Zahlung genommen und zur Abdeckung ihrer Kosten, d. h. zur Finanzierung ihrer Ausgaben und zur Erhaltung ihres

[261] Ohne Zweifel handelt es sich hierbei nur um eine reine Zeitpunktbetrachtung; die für den Finanzausgleich bedeutsamen Effekte werden mit der Gründung einer Vielzahl neuer Hochschulen in den einzelnen Ländern im Laufe der Zeit ohnehin abnehmen.

[262] Schmölders, G., Finanzpolitik, 3. Aufl., a.a.O., S. 159.

[263] Vgl. zum folgenden auch: Weichselberger, K., Gegenwart und Zukunft der Universität, in: Soziale Verantwortung, Festschrift für G. Briefs, Berlin 1968, S. 661.

[264] Die in Abschnitt E II diskutierte Kontrolle der Wirtschaftlichkeit steht und fällt, wie gezeigt wurde, mit vorgegebenen Solldaten. Möglicherweise ließen sich diese »standardisierten Schecks« neben ihrer Funktion als Finanzierungsmittel sogar auch als Richtschnur für die Wirtschaftlichkeitskontrolle verwenden.

Vermögens benutzt; der Finanzausgleich könnte sich in diesem Fall analog einem Bankenclearing abwickeln.

Eine derartige Regelung hätte neben der ausgesprochen positiv zu bewertenden, vollständigen Loslösung der Hochschulpolitik aus den manchmal engen Fesseln einer Landespolitik noch den Vorteil, daß die Studenten auf diese Weise durch die Wahl der Universität einen autonomen Einfluß auf die finanziellen Möglichkeiten der einzelnen Hochschule ausüben, was zumindest sicherstellt, daß ihre Anliegen nicht vernachlässigt werden. Für die einzelnen Landesregierungen wäre zudem noch ein echter Anreiz gegeben, Universitäten zu unterhalten, und die zunehmende Nachfrage der Studenten gerade für die Hochschulinstitutionen des Landes »A« z. B. hätte nicht mehr das drohende Attribut unabwendbarer finanzieller Belastungen, sondern müßte – gewissermaßen eine positive Folge des Einbaus marktwirtschaftlicher Mechanismen in den öffentlichen Sektor – voll und ganz als Bestätigung einer wissenschaftlichen und kulturellen Attraktivität verstanden werden.

Inwieweit die Idee einer Einführung von »Bildungsschecks« auch noch für andere Zwecke, etwa den einer sowohl die Umverteilungsproblematik berücksichtigenden als auch familienunabhängigen Ausbildungsfinanzierung, denkbar erscheint, soll an dieser Stelle nicht weiter verfolgt werden.

IV. Die Redistributionswirkungen des staatlichen Angebots an akademischen Ausbildungsmöglichkeiten

a) Theoretische Grundlagen

Die Einkommensredistribution, d. h. die Korrektur der im Marktprozeß zustande kommenden Einkommensverteilung zugunsten der niedrigen Einkommensschichten [265], ist eines der traditionellen Ziele der Finanzpolitik, obgleich seine finanzwissenschaftliche Rechtfertigung auch heute noch nicht als eindeutig gelungen gelten kann. Die eine Umverteilung aus objektiv-ökonomischen Gesichtspunkten befürwortenden Argumente, gedacht sei z. B. an den umstrittenen [266] wohlfahrtsökonomischen Ansatz einerseits [267], an die Vollbeschäftigungsthese andererseits [268] sowie schließlich an das erst in jüngster Zeit in Mode gekommene Allokations- und Wachstumsargument [269], sind bisher nicht schlüssig zu beweisen; andererseits scheint die praktische Finanzpolitik auf stichhaltige Begründungen heutzutage schon nicht mehr angewiesen zu sein. Die Forderung nach vertikaler interpersonaler Umverteilung der Einkommen hat sich vielmehr zu einer »etablierten« gesellschaftlichen Wertvorstellung erster Ordnung entwickelt, die nachhaltig von dem zwar

[265] Schmölders, G., Finanzpolitik, 3. Aufl., a.a.O., S. 250.

[266] Ebenda, S. 252. Schmidt, K., Das Leistungsfähigkeitsprinzip und die Theorie vom proportionalen Opfer, in: Finanzarchiv, NF Bd. 26, 1967, S. 385 ff.

[267] Die Wohlfahrtsökonomie begründet in Anlehnung an die Gedankengänge der Grenznutzentheorie die stärkere Egalisierung der Einkommensverteilung mit einer dadurch bewirkten Erhöhung des Gesamtwohlstandes der Bevölkerung, vgl. z. B. Wessels, Th., Art. Wohlfahrtsökonomik, in: Staatslexikon, Bd. 8, Freiburg 1963, Sp. 886 ff., und Jecht, H., a.a.O., S. 128.

[268] Nach Auffassung von J. M. Keynes wäre eine Umverteilung auf Grund der geringeren Sparneigung sozial schwacher Schichten zweifellos gut dazu geeignet, die Beschäftigungslage innerhalb einer Volkswirtschaft zu verbessern, Keynes, J. M., General Theory of Employment Interest and Money, London 1936, Wiederabdruck London 1964, S. 372 f.

[269] Das Allokations- und Wachstumsargument besagt, daß sich infolge niedriger Einkommen möglicherweise die Begabungen unausgebildeter Arbeitnehmer nicht entfalten bzw. hinsichtlich des Arbeitsplatzes Immobilitätserscheinungen zutage treten könnten, die potentielle Produktivitäts- und Wohlfahrtsgewinne unrealisiert lassen. Vgl. Schmölders, G., Finanzpolitik, 3. Aufl., a.a.O., S. 251.

nicht eindeutig definierbaren, optisch jedoch ungemein zugkräftigen Postulat der »sozialen Gerechtigkeit« gestützt wird [270].

Dabei kann festgestellt werden, daß die wachsende Lautstärke des Rufes nach sozialer Gerechtigkeit aufs engste mit dem heute bereits deutlich zu beobachtenden Trend zu einer beschleunigten Sozialisierung übereinstimmt, eine Entwicklung, der sich gerade hochentwickelte Industrienationen in zunehmendem Maße ausgesetzt sehen. Die kontinuierlichen Fortschritte auf technischem und organisatorischem Gebiet, denen die enorme Ausweitung unseres Lebensstandards in den letzten Jahrzehnten zu verdanken ist, mögen dabei Anlaß zu einer Art »Wohlstandsblindheit« gegeben haben, die die auch heute noch gültigen und keineswegs befriedigend gelösten ökonomischen Probleme maximaler Güterversorgung, anhaltender Vollbeschäftigung, wirtschaftlichen Wachstums und Geldwertstabilität allzusehr in den Schatten stellt und statt dessen allein die gleichmäßige Verteilung der Einkommen als das vorrangige Problem schlechthin proklamiert.

Ob nun diesem, stark ideologieverdächtigen Absolutheitsgrad des Umverteilungspostulats uneingeschränkt zuzustimmen ist, mag dahingestellt bleiben. Dessen ungeachtet aber würde es nicht nur ihm entsprechen, wenn man sich sowohl auf seiten der praktischen Finanzpolitik als auch auf seiten der theoretischen Finanzwissenschaft über die von allen Einzelmaßnahmen, d. h. von der Staatstätigkeit insgesamt ausgehenden redistributiven Effekte im klaren wäre. Auch alle sonstigen, in guter Absicht vorgebrachten Umverteilungsargumente würden bei voller Information wesentlich glaubwürdiger wirken, als wenn man, wie dies zur Zeit noch der Fall ist, die Umverteilungswirkungen von einzelnen staatlichen Maßnahmen propagandistisch stark herausstellt, dabei aber verschweigt, daß diese durch ausgleichende bzw. umgekehrt redistributive Nebenwirkungen anderer Maßnahmen, ohne daß man sich dessen bewußt ist, entweder verstärkt, abgeschwächt oder sogar kompensiert werden können.

Für die Analyse der versteckten Umverteilungsgesamteffekte ist es freilich notwendig, sich Aufschluß über den qualitativen und quantitativen Gehalt der einzelnen Redistributionskräfte zu verschaffen, die sowohl von der Einnahmeseite (Entzugskomponente) als auch von der Ausgabenseite (Leistungskomponente) des Staatshaushalts ausgehen können [271].

Wird schon mit dem Wort »umverteilen« selbst die Zweiseitigkeit des Problems betont, d. h. daß jemand etwas bekommt, was ein anderer hatte bzw. nicht behalten soll, so braucht auf die Notwendigkeit, beide Seiten auch dann im Auge zu behalten, wenn aus Gründen größerer Argumentationsschärfe manchmal nur von einer Seite des Wirkungsprozesses die Rede ist, kaum hingewiesen zu werden.

Die Entzugskomponente genoß bisher und genießt auch heute noch das eigentliche politische und wissenschaftliche Interesse, sicherlich nicht zuletzt schon deshalb, weil sie infolge ihrer allgemein als bekannt geltenden formalen, selten dagegen auch materiellen Inzidenz als besonders einschneidend und damit bewußt redistributiv empfunden wird. Dies gilt selbst dann noch, wenn allgemein bekannt ist, daß z. B. die auf Grund ihres Progressionstarifes bewußt redistributiv ausgerichtete Einkommensteuer infolge verschiedener Gestaltungsprivilegien einerseits und der als stark angenommenen Regressionswirkung der Umsatz- und Verbrauchsbesteuerung andererseits auf das Gesamtsteuersystem bezogen wesentlich von ihrer Umverteilungswirksamkeit eingebüßt haben dürfte [272].

[270] Neumark, F., Grundsätze gerechter und ökonomisch rationaler Steuerpolitik, Tübingen 1970, S. 187 ff.

[271] Vgl. hierzu auch: Hermelink, M. U., Einkommensumschichtung durch die Ausgaben der öffentlichen Hand, Diss. Köln 1966, S. 26 f.

[272] Vgl. hierzu insbesondere: Neumark, F., Grundsätze gerechter ..., a.a.O., S. 179 u. S. 218 f. Ders., Wirtschafts- und Finanzprobleme des Interventionsstaates, Tübingen 1961, S. 369 ff. Zeitel, G., Die Steuerlastverteilung in der Bundesrepublik Deutschland, Tübingen 1959.

Demgegenüber wurde die Leistungskomponente der Redistribution bislang nur wenig untersucht; lediglich über eines ihrer Elemente, die direkten Geldzahlungen an einkommensschwache Personen aus den Haushalten der öffentlichen Gebietskörperschaften oder der Sozialversicherungsträger liegen exakte Informationen vor [273], wogegen über die redistributive Wirkung der Zahlung von Preissubventionen, die zur Preissenkung von solchen Massenverbrauchsgütern führen sollen, die überwiegend von den weniger wohlhabenden Schichten konsumiert werden, höchstens hinreichende Kenntnisse [274], über die redistributiven Effekte von Gütern und Leistungen, die von der öffentlichen Hand angeboten werden, dagegen allenfalls Vermutungen bestehen [275]. Das mag zum einen, wie H. JECHT vermutet [276], damit begründet werden, daß ein beträchtlicher Teil der öffentlichen Ausgaben bestimmten Gruppen von Einkommensbeziehern schlechterdings nicht zugerechnet werden kann, was für die Ausgaben für Verteidigungszwecke, für die Rechtspflege und für die innere Verwaltung zweifellos richtig ist. Zum anderen aber, und das dürfte zumindest für die Fälle zutreffen, in denen eine direkte Zurechnung der Staatsleistungen auf einzelne Personen bzw. Personengruppen theoretisch als weniger problematisch erscheint, mag es vielleicht nur daran liegen, daß man sich nicht klar darüber werden kann, ob Umverteilungseffekte allein ausgabenbezogen, d. h. nach dem Geldstromprinzip [277], oder aber nutzungsbezogen, d. h. nach dem Leistungsprinzip, bewertet und womöglich sogar quantifiziert werden. Diese Frage ist ohne weiteres jedoch deshalb zugunsten des letzteren zu entscheiden, weil sich schon aus der Zielsetzung der Umverteilung ergibt, daß Personen oder Personengruppen unabhängig von ihren eigenen Leistungen, für die ihnen der Staat oder der Markt Leistungsentgelte bezahlt, begünstigt bzw. benachteiligt werden sollen. Dabei ist es allerdings wichtig, daß bei der Messung dieser Umverteilungseffekte alle Größen berücksichtigt werden, also nicht etwa nur solche, denen in der Zurechnungszeit Ausgaben gegenüberstanden, sondern auch solche, die nie mit Ausgaben verbunden waren bzw. deren Ausgabenwirksamkeit vor der Zurechnungszeit lag. Bei einem Grundstück z. B., das »immer« im Besitz des Staates war und dessen unentgeltliche Nutzung etwa zu Erholungszwecken nur einer ganz bestimmten minderbemittelten Bevölkerungsschicht, die auf eigene Gartenanlagen verzichten muß, zur Verfügung gestellt wird, handelt es sich eindeutig um einen vertikalen Umverteilungseffekt, auch wenn der »Einkommenszuwachs« keinen geldlichen Charakter hat und sich nicht schlüssig quantifizieren läßt.
Das Ausmaß der Nutzung und damit die Höhe des realen Einkommenszuwachses infolge eindeutig zurechenbarer Staatsleistungen läßt sich, worauf auch K. H. HANSMEYER und D. FÜRST [278] bereits hingewiesen haben, mangels eindeutiger Verfahren zur Schätzung kardinaler Nutzen wohl nur an der Höhe der Kosten ablesen, die die öffentliche Hand für diese Leistungen aufwendet. Legt man einmal die im Anhang dieser Arbeit ermittelten »Stückkosten« zugrunde, so lassen sich die redistributiven Wirkungen des staatlichen Angebots an akademischen Ausbildungsmöglichkeiten in etwa abschätzen.

[273] HERMELINK, M. U., a.a.O., S. 31 ff.

[274] Vgl. hierzu insbesondere: BOEHME, H., Preissubventionen, ein Beitrag zur Theorie der Ausgabeninzidenz, Finanzwissenschaftliche Forschungsarbeiten, Heft 20, Berlin 1959.

[275] NEUMARK, F., Wirtschafts- und. . ., a.a.O., S. 376.

[276] JECHT, H., a.a.O., S. 139.

[277] Nach dem Geldstromprinzip ist die Einkommensumverteilung dort festzustellen, wo sich als Ergebnis der staatlichen Ausgabenpolitik geldliche Einkommen bilden; nach dem Leistungsprinzip sind die Umverteilungseffekte dagegen bei dem Personenkreis zu suchen, der aus dem realen staatlichen Leistungsangebot Nutzen ziehen kann! Vgl. hierzu: GILLESPIE, W. J., Wirkungen des Finanzsystems auf die Einkommensverteilung, in: Finanzpolitik, hrsg. von H. C. Recktenwald, Köln–Berlin 1969, S. 248 f.

[278] HANSMEYER, K. H., und FÜRST, D., Die Gebühren, a.a.O., S. 127, insbesondere Fußnote 61.

b) Die Schätzung der redistributiven Effekte

Mag man letztlich eine gewisse Redistributionswirkung der Hochschulausbildung auch darin sehen, daß ein Bürger auf Grund seiner staatlicherseits finanzierten Ausbildung im Gegensatz zu den Bürgern geringerer oder ohne solche Ausbildung in den Jahren nach dem Studium ein höheres Einkommen zu erzielen in der Lage ist, so soll dieser etwas triviale »investment«-Ansatz, von dem oben bereits die Rede war [279], bei den folgenden Betrachtungen außer acht bleiben; sie werden sich vielmehr nur mit den faktischen Umverteilungswirkungen beschäftigen, wie sie sich während der Zeit der akademischen Ausbildung ergeben.

Die Leistungskomponente

Das Ausmaß der Leistungskomponente läßt sich an den Kosten ablesen, die der Staat für jeden Studierenden der einzelnen Ausbildungswege zu tragen hat. Dabei muß der Kreis der Begünstigten, d. h. die Anzahl der Kostenträger, so gefaßt werden, daß jeder berücksichtigt wird, der in den Genuß der Staatsleistung »Ausbildung« gelangt ist, unabhängig davon, ob er sein Studium erfolgreich abgeschlossen oder die Hochschule ohne Examen verlassen hat. Den Leistungseffekt beeinflussen damit einmal die absolute Kostenhöhe je Zeiteinheit und zum anderen die durchschnittliche Verweildauer auf der Hochschule.

Legt man zur Erläuterung z. B. die effektiven, im Anhang ermittelten Schätzwerte für das Jahr 1966 zugrunde [280] – obwohl in der Praxis nur langjährige Durchschnittswerte die Grundlage bilden sollten – und multipliziert man sie mangels exakter Angaben über die tatsächlichen Verweilzeiten mit den von J. Hitpass ermittelten durchschnittlichen Studiendauern, so erhält man in Tab. 5, Zeile c, folgendes Bild der Leistungskomponente:

Tab. 5 Geschätzte Umverteilungseffekte der Leistungskomponente

	1 Wirtschafts- Wissenschaftler	2 Gymnasial- und Realschullehrer	3 Ingenieure	4 Mediziner
a	2 178	7 126	9 131	17 007
b	5,25	5,70	6,05	5,80
c	11 435	40 618	55 243	98 641
	5 Juristen	6 Berufe der Phil. Fakultät	7 Berufe der Nat. Fakultät	8 Physiker
a	3 065	5 484	9 929	11 601
b	4,65	4,50	6,75	7,50
c	14 252	24 678	67 021	87 008
	9 Chemiker	10 Theologen	11 Landwirte	
a	9 811	5 849	58 492	
b	7,20	5,90	3,50	
c	70 639	34 509	204 722	

a: Kosten pro Jahr und Beleger, Angaben in DM (vgl. Anhang, Tabelle IVb).
b: ∅ Studienzeiten, Angaben in Jahren (vgl. Anhang, Tabelle Ic).
c: $a \times b$ = geschätzter Umverteilungseffekt der Leistungskomponente für den Zeitraum eines abgeschlossenen Studiums, Angaben in DM.

[279] Vgl. hierzu auch Abschnitt B, IIb.
[280] Vgl. Abschnitt F., Anhang, Tab. IVb, Zeile II.

Danach würden z. B. auf jeden Studenten des landwirtschaftlichen Ausbildungsweges während seiner Ausbildungszeit ein indirekter Einkommenszuwachs von rund DM 200 000, auf den Studenten der Medizin ein solcher von rund DM 100 000 und auf den jungen Physiker ein solcher von rund DM 90 000 entfallen. Werte, die im Gegensatz zu den »Einkommenszuwächsen« des Wirtschaftswissenschaftlers mit DM 10 000 oder des Juristen mit DM 15 000 als sehr hoch und damit für die Gesamtbeurteilung der redistributiven Wirkungen im Rahmen der Wirtschafts- und Gesellschaftspolitik kaum als bedeutungslos angesehen werden müssen; freilich weiß man noch zuwenig darüber, ob zwischen den so begünstigten Studierenden der Landwirtschaftslehre und den benachteiligten Diplomkaufleuten gerade jene Unterschiede der sozialen Situation und der Einkommensschicht bestehen, die den Befürworter einer vertikalen Einkommensumschichtung vorschweben. Infolgedessen muß versucht werden, ergänzend auch noch die Entzugskomponente der Staatsleistungen mit zur Analyse heranzuziehen, man muß also feststellen, wer die Leistungseffekte finanziert.

Die Entzugskomponente

Dabei kommt es im wesentlichen darauf an, zu klären, wem als Voraussetzung für die Leistungserstellung durch die Hochschule etwas entzogen worden ist, was einkommensmäßig, naturaliter oder geldlich, gemessen werden könnte, eine Fragestellung, die allein pagatorisch insofern nicht mehr geklärt werden kann, als auch die »Finanzierungsäquivalente« für die sogenannten kalkulatorischen Kosten, welche z. B. in der im Anhang dargestellten Kostenschätzung die pagatorischen Kosten um 40 % erhöhen, in die Untersuchung eingeschlossen werden müssen.

Über den umverteilenden Effekt des kalkulatorischen Kostenbestandteils läßt sich für die »Mittelherkunftsseite« zunächst nicht viel mehr sagen, als daß er wie eine Steuer wirken dürfte, die alle Nichtstudierenden indirekt als Nutzungsverzicht auf die im Hochschulbereich gebundenen öffentlichen Vermögensteile gleichmäßig zu tragen haben; für die durch allgemeine Steuern finanzierten Hochschulkosten lassen sich im einzelnen, unterstellt man einmal das Fehlen jeglicher Gebühren, interessante redistributive und antiredistributive Effekte vermuten; nur vermuten deshalb, weil die zur Zeit verfügbaren statistischen Unterlagen keine exakten Informationen über die materielle Inzidenz des Steuersystems im ganzen bieten können.

Stellt man, wie aus den Tab. 6 und 7 ersichtlich, z. B. die Zahl der 1968 in Nordrhein-Westfalen ihr Studium aufnehmenden Studenten grob gegliedert nach der beruflichen Stellung des Vaters – und damit in einer gewissen Relation zur Einkommensposition der Familie – dar, so findet man, selbst unter Zugrundelegung des nur beschränkten Zahlenmaterials, die bisher nur allgemein formulierte These, von der Hochschulausbildung profitieren vornehmlich die Kinder »wohlhabender« Familien, bestätigt.

Beträgt der Anteil der Selbständigen, die mit 441 740 Erwerbstätigen nicht nur relativ, sondern auch absolut am häufigsten aus den »höchsten« Einkommensschichten kommen, auf die Gesamtzahl der Erwerbspersonen in der BRD bezogen nur 7,78 %, so rekrutieren sich demgegenüber 25,06 % der Studenten aus dieser Schicht. Umgekehrt wird diese Korrelation zwischen Einkommensanstieg und Wachstum des Ausbildungsniveaus ebenso sichtbar am Beispiel der Arbeiter, die die niedrigste Einkommensstufe repräsentieren, da von 12 000 000 beschäftigten Arbeitern fast 10 000 000 einen Monatslohn beziehen, der z. B. 1969 geringer als 800 DM war; sie stellen nur 3,51 % der Studienanfänger, obwohl sie 53,65 % aller Erwerbstätigen bilden.

Ließe sich die gleiche Korrelation, wenn auch nicht ganz so leicht wie in den beiden vorgenannten krassen Außenseiterbeispielen, auch im Mittelfeld der Beamten und Angestellten erkennen, wo nämlich der Anteil der die höchste Einkommensstufe vertretenden Ange-

Tab. 6 *Deutsche Studienanfänger in Nordrhein-Westfalen 1968* (gegliedert nach der beruflichen Stellung des Vaters und gewähltem Studiengebiet)

	Wirtschafts-wissen-schaftl.	Berufe der Phil. Fakultät	Ingenieure	Mediziner	Juristen	Berufe der Naturw. Fakultät	Theologen	Landwirte	Sonstige	Summe	%
Selb-ständige	228	210	5	53	152	260	12	23	36	979	25,06
Beamte	142	275	15	45	219	247	11	10	27	991	25,36
Ange-stellte	305	332	16	41	245	410	19	22	22	1402	35,88
Arbeiter	75	131	9	12	43	114	11	1	2	398	10,18
Rest	37	22	–	3	20	49	–	5	1	137	3,51

Quelle: Stat. Berichte des Stat. Landesamtes NRW, B13 - j/68, S. 99

Tab. 7 *Verteilung der Erwerbstätigen nach der beruflichen Stellung und Schichten (monatl. Einkommen) in der BRD 1969*

	unter 150 DM	150–300 DM	300–600 DM	600–800 DM	800–1200 DM	1200-1800 DM	1800 DM und mehr	Summe	%
Selbständige	30 150	58 540	184 500	257 230	454 140	347 700	441 740	1 774 000	7,78
Beamte	–	8 470	81 900	231 570	593 040	374 180	122 840	1 412 000	6,20
Angestellte	361 380	516 250	1 644 630	1 600 380	2 094 500	833 360	324 500	7 375 000	32 37
Arbeiter	721 160	1 002 290	3 605 790	4 498 060	2 285 700	110 000	–	12 223 000	53,65

Quelle: Stat. Jahrbuch für die BRD 1970, VIII Erwerbstätigkeit, Tabelle 5, S. 122.

Graphische Darstellung zu Tab. 6

a) Erwerbsbevölkerung

b) Studentenschaft nach Berufsstand des Vaters

I Selbständige
II Beamte
III Angestellte
IV Arbeiter

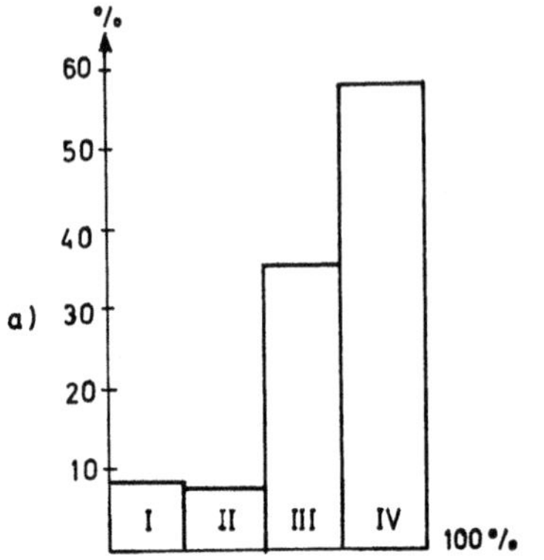

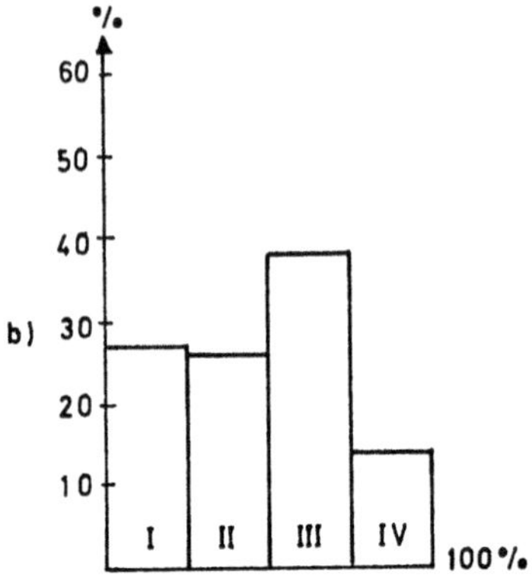

Graphische Darstellung zu Tab. 6

c)–f) Einkommensschichtung

I Selbständige
II Beamte
III Angestellte
IV Arbeiter

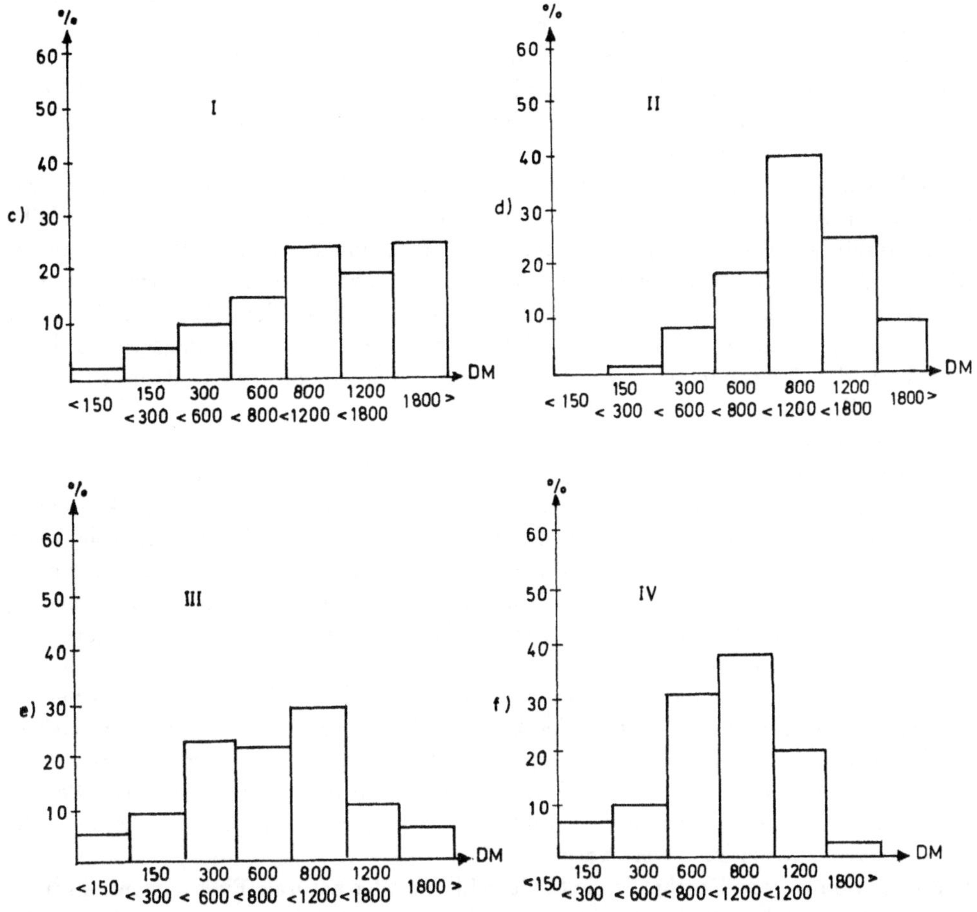

stellten an der Zahl der Hochschüler höher ist als ihnen in der gesamten Beschäftigtenstruktur zukäme und bei den verhältnismäßig gut verdienenden Beamten, deren Anteil an der Gesamtzahl der Erwerbspersonen nur 6,2 % beträgt, die aber 25,36 % aller Studenten stellen, so bleibt als Resümee festzuhalten, daß die Hochschulausbildung in ihrer derzeitigen Form »umgekehrt redistributiv« wirkt, und zwar dergestalt, daß sie der herrschenden, von höheren Einkommensschichten auf niedrigere Einkommensschichten gerichteten Umverteilungsnorm genau widerspricht. Das kommt einmal darin zum Ausdruck, daß die verhältnismäßig nur wenige Studenten stellende Schicht der Arbeiter zwar durch ihre Steuerleistungen die Effekte der Leistungskomponente mitfinanzieren, zum anderen dadurch, daß die der höheren Einkommensschicht zugedachte höhere Steuerleistung nach dem Progressionstarif, soweit sie Hochschulausbildungen in Anspruch nimmt, dadurch zum Teil wieder kompensiert wird, ein Effekt, der natürlich beim Erlaß des Steuergesetzes keineswegs beabsichtigt war.

Diese hier nur ganz grob dargestellten Umverteilungseffekte sind bei den einzelnen Studierenden allerdings unterschiedlich hoch zu bewerten, und zwar je nach der Kostenhöhe seines Ausbildungsweges und je nach seiner sozialen Stellung. Kommt z. B. ein Landwirtschaftsstudent aus der sozial starken Schicht der Selbständigen, so ist der antiredistributive Effekt seiner hohen Studienkosten unverhältnismäßig viel größer, als wenn ein Jurist etwa einer sozial schwachen Arbeiterfamilie entstammt. Handelt es sich dagegen bei einem Studenten der Wirtschaftswissenschaften um einen Unternehmersohn, dann entspricht seine Ausbildung, was die redistributiven Wirkungen anbelangt, noch am ehesten den herrschenden Normen.

Das Beispiel des Hochschulstudiums ist nach alledem hervorragend geeignet, einen die gewollte Einkommensumverteilung abschwächenden, sehr in ihr Gegenteil verkehrenden Redistributionseffekt der Nutzung von Staatsleistungen zu zeigen. Andere Beispiele, wenn sie in ähnlicher Weise durch Kostenerhebungen empirisch untermauert werden könnten, würden das Gegenteil zeigen, eine zusätzliche Umverteilungswirkung durch die Nutzung entsprechender Staatsleistungen. Dazu gehört schon der Unterbau unserer Bildungsinstitutionen, die Volksschule, und die Berufsberatung, Gesundheitsvorsorge und Altenheime, Parkanlagen und Kinderspielplätze, um nur einige Beispiele aus dem kommunalen Bereich zu nennen, kommen hinzu. Was in der Bundeswehr an nützlicher Ausbildung geleistet wird, die dem Absolventen in seinem späteren Privatleben zugute kommt, verteilt sich sogar mit Schwerpunkt auf die sozial schwachen Schichten, die sich eine eigene Berufsausbildung nicht leisten konnten oder wollten; und so gäbe es viele weitere Beispiele, die einer näheren Untersuchung wert wären.

Redistribution ist jedoch mehr als die bloße geldliche oder naturale Einkommensumschichtung in vertikaler Richtung, mag sie nun sichtbar oder unsichtbar sein. Unser System der sozialen Sicherung »verteilt um« von den Gesunden auf die Kranken, von den Jüngeren auf die Alten, von den Erwerbstätigen auf die Arbeitslosen; vor allem auch, vielleicht ohne es recht zu wollen, von den industriell Tätigen auf die Bauern. Da die Wahrscheinlichkeit, daß der Sohn das Studium der Landbauwissenschaft wählt, bei einer Bauernfamilie sicher höher ist als bei einem großstädtischen Arbeiterhaushalt, wirkt das kostspielige Agrarstudium in diesem Sinne womöglich durchaus »redistributiv« – es trägt dazu bei, ein anderes Redistributionsziel des gleichen Staates zu erfüllen, die Hilfe für die Landwirtschaft zu Lasten der Industrie.

F) Anhang: Praktisches Beispiel einer Kostenermittlung und Kostenzurechnung

(Schätzung der Kosten von 11 akademischen Ausbildungswegen, dargestellt an den Kosten der TH Aachen sowie der Universitäten Bonn und Köln für das Jahr 1966)

Obwohl die rechentechnischen Voraussetzungen, sowohl was die allgemeine Hochschulstatistik anbelangt als auch was die kostenrelevanten Unterlagen der Hochschulrechnungswesen betrifft, ausgesprochen lückenhaft, ja, im Grunde genommen unzureichend waren, wurde der Versuch unternommen, die im Jahre 1966 für 11 Studiengänge angefallenen Kosten der Technischen Hochschule Aachen sowie der Universitäten Bonn und Köln stichprobenartig zu schätzen. Die genannten drei Hochschulen sind dabei gedanklich zu einer Hochschule zusammengefaßt worden, und zwar deshalb, weil sich einmal lokale Kosteneinflußgrößen kompensieren sollten und zum anderen beabsichtigt war, den Katalog der Ausbildungswege möglichst umfassend zu gestalten. Der Aufbau der Schätzung erfolgte in den folgenden vier Stufen:

I. Abgrenzung der Kostenträger unter weitgehender Berücksichtigung der Kosteneinflußfaktoren »Studiendauer« und »Versagerquote«.

II. Ermittlung der Kosten je Kostenart/Kostenstelle, wobei auf eine gesonderte und vollständige Kostenstellenrechnung verzichtet werden mußte. In den Fällen, in denen es möglich war, wurden aber die Kostenarten nach Kostenstellengesichtspunkten unterteilt. Soweit es sich um kalkulatorische Kostenarten handelte, wurden die notwendigen Hilfsberechnungen angestellt.

III. Verteilung der Kosten je Kostenart/Kostenstelle auf die Kostenträger. Die direkten bzw. Einzelkosten, deren Anteil schon aus erfassungstechnischen Gründen sehr niedrig war, wurden dabei unmittelbar zugerechnet; demgegenüber erfolgte die Gemeinkostenzurechnung anhand von Verteilungsschlüsseln.

IV. Gegenüberstellung der Kosten nach unterschiedlichen Vergleichskriterien, insbesondere Gegenüberstellung der Kosten je Leistungseinheit und nachfolgend kritische Erläuterung der Vergleichsgrößen.

Werden die Ergebnisse letztlich bis zur Genauigkeit von nur einer DM ausgewiesen, so nur deshalb, um die interne Geschlossenheit des Abrechnungssystems zu gewährleisten. Extern ist damit keinerlei Anspruch auf absolute Gültigkeit verbunden.

I. Abgrenzung der Kostenträger

Geht man von den Belegerzahlen aus, wie sie den drei Vorlesungsverzeichnissen für das Jahr 1966 zu entnehmen sind, so lassen sich nur globale Werte für einzelne Fakultäten feststellen; sie genügen aber nicht in allen Fällen dem als wesentlich angesehenen Aufteilungskriterium »unterschiedliche Berufsgruppen«. Demnach wurde die Studierendenzahl der Philosophischen sowie der Mathematisch-naturwissenschaftlichen Fakultät noch gesondert nach Tab. Id vorgenommen. Insgesamt ergeben sich somit 11 Ausbildungswege, die ihrer quantitativen Bedeutung nach folgende Rangfolge aufweisen (vgl. Tab. Ia, Spalte 1):

1. Wirtschaftswissenschaftler
2. Gymnasial- und Realschullehrer
3. Ingenieure

4. Mediziner (Allg. Humanmedizin und Zahnmedizin)
5. Juristen
6. Berufe der Philosophischen Fakultät (ohne 2.)
7. Berufe der Naturwissenschaftlichen Fakultät (ohne 2., 8. und 9.)
8. Physiker
9. Chemiker
10. Theologen und
11. Landwirte

Das quantitative Verhältnis der einzelnen Studiengänge weicht in diesem Stichprobenumfang nur unwesentlich von dem des Landes Nordrhein-Westfalen insgesamt ab (vgl. Tab. Ie mit Tab. Ia, Spalte 1, prozentuale Aufteilung).

Über Erfolg oder Mißerfolg und somit über die Kosteneinflußgröße »Versagerquote« quantitative Aussagen zu machen, wäre ganz exakt nur dann möglich, wenn man den Ausbildungsweg von Studienanfängern eines ganz bestimmten Jahrganges in einer Verlaufsanalyse über viele Jahre hinweg verfolgt. Neuere Unterlagen dieser Art, allerdings für ganz bestimmte Studienjahrgänge, liegen in Deutschland erst drei vor[1]; brauchbare Ergebnisse, die allerdings nicht ganz so exakt sind, ergeben sich, wenn man die allgemeinen Daten einer dieser Studien auf die entsprechenden Belegerzahlen des jeweiligen Untersuchungszeitraums projiziert. Mit der Projektionsmethode wurde auch in dieser Schätzung gearbeitet, wobei den von J. Hitpass ermittelten Angaben aus folgenden Gründen der Vorzug zu geben war: Einmal berücksichtigt J. Hitpass nur die Verhältnisse in Nordrhein-Westfalen und zum anderen ist seine Erhebung jüngeren Datums.

Es muß vielleicht noch besonders herausgestellt werden, daß die von J. Hitpass ermittelten Versagerquoten im Vergleich zu sonstigen pauschal-publizistischen Äußerungen als recht niedrig anmuten; er bezweifelt auch nachdrücklich derartig grundlos-negative Meinungen über die Studierfähigkeit der Bevölkerung.

Die von J. Hitpass ermittelten (vgl. Tab. Ib) und auf die effektiven Zahlen der Stichprobe projizierten Richtwerte (vgl. Spalte 3 bzw. 4 von Tab. Ia) sind allerdings so zu verstehen, daß der nominelle Versageranteil noch um ²/₃ der sogenannten Studien-Zeitüberschreiter erhöht worden ist, da angenommen werden kann, daß die Mehrzahl der länger als 17 Semester studierenden Studenten ohnehin nicht mehr erfolgreich abschließen dürften.

Tab. Ic gibt schließlich Aufschluß über die im Durchschnitt benötigten Studienzeiten je Ausbildung.

[1] Rucker, A., Studiendauer und Studienerfolg an den wissenschaftlichen hohen Schulen Westdeutschlands. Ergebnisse einer Repräsentativbefragung, München 1960. Kath, Oehler, Reichwein, Studienweg und Studienerfolg. Eine Untersuchung über Verlauf und Dauer des Studiums von 2000 Studienanfängern des Sommersemesters 1957 in Berlin, Bonn, Frankfurt, Berlin 1966. Hitpass, J., Das Studienschicksal des Immatrikulationsjahrganges 1968, Gütersloh 1967.

Tab. Ia Belegerzahlen und Studienerfolg

	1		2	3			4		
		%		%		%	%		%
1	7 835	21,12	8 803	20,4 =	1 796	20,26	79,6 =	7 007	21,36
2	6 865	18,50	7 711	18,1 =	1 396	15,74	81,9 =	6 315	19,26
3	5 604	15,11	6 297	20,2 =	1 272	14,35	79,8 =	5 025	15,32
4	3 875	10,45	4 355	10,2 =	444	5,01	89,8 =	3 911	11,92
5	3 990	10,76	4 484	17,3 =	776	8,75	82,7 =	3 708	11,30
6	2 686	7,24	3 017	43,1 =	1 300	14,66	56,9 =	1 717	5,23
7	2 353	6,34	2 642	48,9 =	1 005	11,33	51,1 =	1 637	4,98
8	1 554	4,20	1 750	25,3 =	443	4,99	74,7 =	1 307	3,98
9	1 294	3,49	1 455	22,4 =	326	3,67	77,6 =	1 129	3,44
10	802	2,16	900	10,6 =	95	1,07	89,4 =	805	2,45
11	232	0,63	263	5,4 =	14	0,17	94,6 =	249	0,76
	37 090	100,00	41 677			100,00			100,00

Spalte 1: Deutsche Studierende an den Hochschulen Köln, Bonn und Aachen, WS 1966/67, aufgeteilt auf die 11 untersuchten Ausbildungswege, Quelle: Stat. Berichte des Stat. Landesamtes Nordrhein-Westfalen, BI3 - j/67, S. 14ff.

Spalte 2: Spalte 1 zuzüglich der ausländischen Studierenden; Quelle der Summe 41 677: Vorlesungsverzeichnisse von Köln, Bonn sowie Mitteilungen der TH Aachen an das Finanzwissenschaftliche Forschungsinstitut an der Universität zu Köln.

Spalte 3: Kalkulatorischer Versageranteil, der sich aus den Werten der Tabelle Ib wie folgt errechnet:

Versagerquote (Spalte 1, Ib) in %
\+ 2/3 = 67% der Studienzeitüberschreiter
(Spalte 2, Ib) in %
= vorläufige Versagerquote in %
\+ gleicher Anteil der Dunkelziffer
= kalkulatorischer Versageranteil

Spalte 4: Kalkulatorischer Erfolgsanteil: Spalte 2 abzüglich Spalte 3.

Tab. Ib Berechnung des Anteils der Versager (Spalte 1), der Studienzeitüberschreiter (Spalte 2), der Erfolgreichen (Spalte 3) und der Dunkelziffer (Spalte 4), abgeleitet aus den Ergebnissen der Hitpass-Studie [2]

a	b	1	2	3	4
1	968 +	153 = 15,9%	51 = 5,3%	752 = 77,6%	12 = 1,2%
2	1863 —	199 = 10,7%	153 = 8,2%	1281 = 68,7%	230 = 12,4%
3	1321	142 = 10,8%	154 = 11,7%	902 = 68,1%	123 = 9,4%
4	660 +	45 = 6,7%	30 = 4,5%	553 = 84,0%	32 = 4,8%
5	792	101 = 12,8%	44 = 5,6%	611 = 77,1%	36 = 4,5%
6	324 +	90 = 27,7%	33 = 10,2%	120 = 37,1%	81 = 25,0%
7	272 +	9 = 5,2% 22 = 22,2%	– – 14 = 14,2%	168 = 97,0% 29 = 29,3%	—4 =—2,2% 34 = 34,3%
8	234	17 = 7,3%	49 = 20,9%	124 = 52,9%	44 = 18,9%
9	122	6 = 4,9%	27 = 22,1%	81 = 66,5%	8 = 6,5%
10	168 +	11 = 6,5%	7 = 4,2%	127 = 75,6%	23 = 13,7%
11	42	2 = 4,7%	– –	34 = 81,1%	6 = 14,2%
Sonstige + Rechen-fehler	218	34	12	54	118
	6984	831	574	4836	743

Die Prozentzahlen sind aus den absoluten Belegerzahlen bei Hitpass, die in dieser Tabelle mit angegeben werden, errechnet worden. Positive oder negative Zeichen in Spalte b kündigen von Hitpass ermittelte drop-in/drop-out-Werte an. Die Dunkelziffer (Spalte 4) setzt sich zusammen aus der Dunkelziffer der Hitpass-Studie 526 zuzüglich der gescheiterten 224 Studenten, die auf die Pädagogischen Hochschulen überwechselten und dort erfolgreich werden. Die noch zur Gesamtzahl bestehende Differenz von 118 (in Zeile »Sonstige etc.« enthalten) ist entweder durch Rechenfehler oder eine ungenaue Kompensation von drop-in/drop-out-Relationen bei Erarbeitung der Hitpass-Studie entstanden. Es handelt sich bei der Projektion dieser Werte auf die Belegerzahlen im Jahre 1966 also um eine »Hochrechnung«, die nur mit Vorbehalten als zutreffend zu betrachten ist. Leider liegen zur Zeit keine besseren und jüngeren Ergebnisse von Studien dieser Art vor, auf die sich bezogen werden könnte.

[2] Hitpass, J., Das Studienschicksal . . ., a.a.O., Tab. 37, S. 71.

Tab. Ic Berechnung der effektiven Studiendauer, gerechnet als Durchschnitt der von Studienbeginn bis zum Abschlußexamen benötigten Semesteranzahl [3]

Ausbildungsweg	Studienfach / Semesteranzahl		
1	Volkswirte		= 10,5
	Betriebswirte		= 10,5
	Handelslehrer und Sonstige		= 9,9
2	Gymnasiallehrer		= 13,3
	Realschullehrer		= 9,4
3	Architekten		= 12,9
	Bauingenieure		= 12,7
	Maschinen-, Elektro- und Bergbauingenieure		= 11,3–11,7
4	Humanmediziner		= 12,3
	Zahnmediziner		= 11,0
5	Juristen		= 9,3
6	Berufe der Philosophischen Fakultät	⌀	= 9,0
7	Pharmazeuten		= 6,0
	Sonstige Berufe der Naturw. Fakultät	⌀	= 13,5
8	Physiker		= 15,0
9	Chemiker		= 14,4
10	Theologen		
	evangelische		= 11,4
	katholische		= 12,2
11	Landwirte		= 7,0

[3] HITPASS, J., Das Studienschicksal ..., a.a.O., Tab. 44, S. 89, Spalte 2.

Tab. Id Verteilung der Studienfächer innerhalb der Philosophischen und Mathematisch-naturwissenschaftlichen Fakultäten, gemessen an den abgelegten Examina

	Magister-, Diplom-, Doktorprüfungen[4]		Doktorprüfungen, soweit noch nicht in 3. abgelegt[5]		
Disziplin der Philosophischen Fakultät	4253		713		4966 = 100%
davon:					
Pädagogik und Psychologie		219		79	6,0
Lehramt an höheren Schulen		3479		–	70,0
Gewerbelehramt		182		–	3,8
Dolmetscher		257		–	5,2
Magisterprüfungen		116		–	2,3
Philosophie		–		65	1,3
Altsprachen		–		56	1,1
Germanistik		–		125	2,5
Neue Sprachen		–		90	1,8
Geschichte		–		162	3,2
Kunstwissenschaft		–		79	1,6
Sonstige		–		57	1,2
Disziplin der Mathematisch-naturwissenschaftlichen Fakultät	4245		–		4245 = 100%
davon:					
Lehramt an höheren Schulen		1080		–	24,9
Mathematik		162		–	3,7
Physik, Geophysik, Meteorologie		990		–	22,8
Chemie		718		–	16,4
Pharmazie		1103		–	25,3
Biologie		20		113	3,0
übrige Disziplinen		172		–	3,9

[4] Empfehlungen des Wissenschaftsrates zum Ausbau der wissenschaftlichen Hochschulen bis 1970, Tübingen 1967, Tabelle 12, Spalte 1965, Diplomprüfungen, S. 302 ff.
[5] Ebenda, Spalte 1965, Doktorprüfungen, S. 304 ff.

Tab. Ie Zahl der Studierenden (Beleger) je Ausbildungsweg in Nordrhein-Westfalen insgesamt, 1966 [6]

	Beleger	%
1. Wirtschaftswissenschaftler	11 220	19,8
2. Gymnasial- und Realschullehrer	12 325	21,7
3. Ingenieure	5 605	9,9
4. Mediziner (Allgemeine Humanmedizin und Zahnmedizin)	7 651	13,5
5. Juristen	6 312	11,1
6. Berufe der Philosophischen Fakultät	4 388	7,7
7. Berufe der Naturwissenschaftlichen Fakultät	4 006	7,1
8. Physiker	1 919	3,4
9. Chemiker	1 335	2,4
10. Theologen	1 712	3,0
11. Landwirte	232	0,4
	56 705	100%

II. Ermittlung der Kosten je Kostenart/Kostenstelle (vgl. Tab. IIa–IIe)

Als Gesamtkosten (vgl. Tab. IIa) der drei ausgewählten Hochschulen für das Jahr 1966 wurden, getrennt nach 27 Kostenarten/Kostenstellen, die folgenden Größen in die Untersuchung einbezogen:

1. Fortdauernde Ausgaben der Universitäten Bonn und Köln sowie der Technischen Hochschule Aachen, entsprechend der Haushaltsrechnung des Landes Nordrhein-Westfalen für das Rechnungsjahr 1966 [7],
2. Fortdauernde Ausgaben der Klinischen Anstalten der Universitäten Bonn und Köln sowie der Technischen Hochschule Aachen, entsprechend der Haushaltsrechnung des Landes Nordrhein-Westfalen für das Rechnungsjahr 1966 [7],
3. Kosten der Studentenwerke Bonn, Köln und Aachen, entsprechend den unveröffentlichten Jahresberichten 1966 der einzelnen Studentenwerke [8],
4. Kosten der Studentischen Krankenversorgung Bonn–Köln und Aachen, entsprechend den unveröffentlichten Jahresberichten 1966 der Studentischen Krankenversorgung [9],
5. Kalkulierte jährliche Abschreibungen, Mieten und Zinsen für die Universitäten Bonn und Köln sowie für die Technische Hochschule Aachen, die nach hochschulinternen Unterlagen und in Zusammenarbeit mit den einzelnen Hochschul- und Klinikverwaltungen ermittelt worden sind (vgl. Tab. IIb–IIe).

[6] Stat. Berichte des Stat. Landesamtes für Nordrhein-Westfalen BU 3–j/67.

[7] Haushaltsrechnung des Landes Nordrhein-Westfalen für das Rechnungsjahr 1966, Kapitel 0511 A, 0513 A, 0514 A; 0511 B, 0513 B, 0514 B.

[8] Studentenwerke Bonn, Köln und Aachen: Berichte über die Prüfung der Abschlußrechnungen für das Jahr 1966.

[9] Die Daten für Köln wurden dem zitierten Kölner Abschlußbericht des Studentenwerkes entnommen, die Daten für Bonn und Aachen basieren auf Mitteilungen der Deutschen Studentischen Krankenversorgungen e. V., Berlin, an das Finanzwissenschaftliche Forschungsinstitut an der Universität zu Köln.

Nachdem etwaige Doppelzählungen, die sich einmal durch die Miet- und Zinsberechnung und zum anderen durch die in der Praxis von den Hochschulen völlig getrennte Abrechnung der Studentenwerke ergeben haben, beseitigt und kostenfremde Beträge (Stipendien) eliminiert worden sind, ergaben sich somit Gesamtkosten in Höhe von DM 417 177 933.
Konnten die pagatorischen Kostenarten 01–08 und 19–26 den entsprechenden Ausgabentiteln der Hochschulhaushaltsrechnungen bzw. der Rechnungslegung der Studentenwerke entnommen werden, so bedarf es einer näheren Erläuterung nur noch der Kostenerfassung für die Kostenarten 09–18 bzw. 27.
Da es sich bei Kostenart 27 um bei den Hochschulen durchlaufende Gelder handelt, die von Dritten, meist privaten Stiftungen, Organisationen und Verbänden bereitgestellt wurden und in der Regel einzelnen Instituten mit besonderer Verwendungsauflage zugedacht waren, wurden sie, obwohl sie strenggenommen auf unterschiedliche Kostenarten aufzuteilen gewesen wären, zusammengefaßt als gesonderte Kostenart belassen.
Als Kostenart 09–12 galt es (vgl. Tab. IIb) die Kosten der Gebäudenutzung als kalkulatorischen Wert zu erfassen. Genaugenommen hätte man dazu die Werte aller Hochschulgebäude im Jahre 1966 ermitteln und diese durch die durchschnittlich zu erwartende Nutzungsdauer dividieren müssen, um die Jahresrate der Abschreibung in Rechnung stellen zu können. Sowohl Gebäudewert als auch Nutzungsdauer waren jedoch Größen, die sich nicht eindeutig erfassen ließen, so daß sich in Zusammenarbeit mit den Hochschulverwaltungen demzufolge als Ausweg auf einen Näherungswert, den Kalkulatorischen Mietwert je Quadratmeter Nettonutzfläche – und zwar in der gleichen Höhe, wie er von den Hochschulen für angemietete Räume 1966 bezahlt worden ist – beschränkt wurde.
Die Ermittlung der Nettonutzfläche, als solche in der Praxis schon problematisch genug, bot außerdem den Vorteil, daß sie für die spätere Kostenträgerrechnung mitbenutzt werden konnte. Setzen sich die Mieten im freien Wohnungsmarkt zwar ganz allgemein zusammen aus Kosten für Instandhaltungen, Abschreibungskosten und unterschiedlich hohen Kapitalverzinsungen, so fielen in den zugrunde gelegten Mietsätzen Instandhaltungskosten kaum an, da diese überwiegend von den Hochschulen getragen wurden und gesondert als laufende Ausgaben innerhalb der Gruppe »Sachausgaben« der Haushaltsrechnungen erfaßt sind. Das mag auch zusätzlich die verhältnismäßig niedrigen Mietsätze erklären. Somit blieb eine Berücksichtigung der Tatsache, daß eine gesonderte Kostenart »Kapitalverzinsung« aufgeführt wurde, als Fremdkörper in der Kostenart Gebäudenutzung nur noch der Faktor Kapitalverzinsung, der allerdings innerhalb dieser Kostengruppe getrennt hätte erscheinen müssen, was sich jedoch als undurchführbar herausstellte.
Bei der Ermittlung der Kostenarten 13–16 (vgl. Tab. IIc) ergeben sich grundsätzlich die gleichen Probleme, wie sie oben bereits dargestellt worden sind. Da sich in diesem Fall jedoch keine plausible »Problemumgehung« finden ließ, wurde ebenfalls in Zusammenarbeit mit den Hochschul- und Klinikverwaltungen das Bewegliche Vermögen per 31. 12. 1966 ermittelt – allerdings nur näherungsweise – und zwar einmal getrennt nach den vier Gebäudearten, auf die es verteilt war (Kostenarten 13–16), und zum anderen innerhalb der Kostenart 14 aufgeteilt nach den Instituten der 11 untersuchten Ausbildungswege, allerdings nur soweit, als die Institute in dieser Form eindeutig getrennt werden konnten. Der Rechensatz ging vom Anschaffungswert aus, der, um eine 50%ige Pauschalabschreibung berichtigt, auf die durchschnittlich zu erwartende Nutzungsdauer verteilt worden ist. Dabei wurde die Nutzungsdauer unterschiedlich hoch angesetzt, und zwar einmal mit 10 Jahren für Büromöbel und -geräte und zum anderen mit 5 Jahren für technisch-wissenschaftliche Apparate und schließlich mit 7,5 Jahren für das Klinikinventar. Damit ergaben sich Abschreibungssätze vom kalkulierten Zeitwert in Höhe von 10 %, 20 % und 13,4 %.
Mit den Kostenarten 17 und 18 waren sowohl die kalkulatorischen Zinsen für das durch

die Einrichtungsgegenstände und Anlagen gebundene Eigenkapital zu berechnen als auch die Nutzung bzw. die Verzinsung der unbebauten Grundstücke in Rechnung zu stellen. (Die Verzinsung des im unbeweglichen Vermögen gebundenen Eigenkapitals wurde bereits im Mietansatz abgegolten.) Als Zinskosten wurden 6 % des kalkulierten beweglichen Vermögens angesetzt, womit im Prinzip dem durchschnittlichen, landesüblichen Zins am ehesten entsprochen worden sein dürfte [10].

Tab. IIa Gesamtkosten

01	Bezüge der ordentlichen Professoren usw.	20 038 866,–
02	Bezüge der emeritierten Professoren	5 376 543,–
03	Bezüge der beamteten Hilfskräfte	46 731 370,–
04	Bezüge der nichtbeamteten Hilfskräfte	18 533 103,–
05	Personalnebenkosten	11 008 246,–
06	Bezüge der planmäßigen Beamten	6 619 981,–
07	Bezüge der Angestellten und Arbeiter	88 870 368,–
08	Personalnebenkosten	4 318 994,–
09	Nutzung allgemeiner Unterrichtsgebäude	1 969 050,–
10	Nutzung der speziellen Unterrichtsgebäude	31 388 124,–
11	Nutzung der Hilfsgebäude	2 858 175,–
12	Nutzung der Verwaltungsgebäude	4 296 582,–
13	Nutzung des Inventars in 09	276 933,–
14	Nutzung des Inventars in 10	26 465 393,–
15	Nutzung des Inventars in 11	1 980 624,–
16	Nutzung des Inventars in 12	421 376,–
17	Kapitalverzinsung des Kap. 13–16	12 759 230,–
18	Nutzung unbebauter Grundstücke	712 174,–
19	Betriebskosten in 09	1 309 524,–
20	Betriebskosten in 10	60 181 992,–
21	Betriebskosten in 11	4 208 114,–
22	Betriebskosten in 12	2 678 083,–
23	Kosten: Reisen, Veröffentlichungen etc.	2 352 916,–
24	Kosten: Telefonate, Abgaben, Gebühren	2 366 811,–
25	Kosten des Studentenwerks	32 209 979,–
26	Kosten der studentischen Krankenversorgung	2 250 358,–
27	Nichtgeklärte Kosten, Titel 399 HH	24 995 024,–
		417 177 933,–

[10] Geschäftsbericht der Deutschen Bundesbank für das Jahr 1967, S. 73, Schaubild. Die Rendite für öffentliche Anleihen schwankte 1966 von 7,5–8,5 %, die der Aktien von 3,7–4,7 %. Bedenkt man, daß 1966 ein verhältnismäßig hohes Zinsniveau herrschte, so ist der verwendete 6 %-Ansatz noch als »vorsichtig« zu bezeichnen, eine Überlegung, die für die Verhältnisse von 1970 allerdings kaum noch aufrecht zu erhalten wäre.

Tab. 11b Berechnung der Mietkosten/Jahr (Kostenarten 09–12)[11]

a) Hochschulen

Kostenart	Hochschule	m² × Jahresmietsatz	Kosten/Jahr
09	Köln	26 453 × 60,–	1 587 180,–
	Bonn	2 018 × 72,–	134 296,–
	Aachen	4 381 × 54,–	236 574,–
			1 969 050,–
10	Köln	71 030 × 60,–	4 261 800,–
	Bonn	122 839 × 72,–	8 844 408,–
	Aachen	148 423 × 54,–	8 014 842,–
			21 121 050,–
11	Köln	18 917 × 60,–	1 135 020,–
	Bonn	11 640 × 72,–	838 080,–
	Aachen	7 006 × 54,–	378 324,–
			2 351 424,–
12	Köln	3 534 × 60,–	212 040,–
	Bonn	5 890 × 72,–	424 080,–
	Aachen	13 549 × 54,–	731 646,–
			1 367 766,–

b) Kliniken

Kostenart	Hochschule	m² × Jahresmietsatz	Kosten/Jahr
10	Köln	70 053 × 60,–	4 203 180,–
	Bonn	67 903 × 72,–	4 889 016,–
	Aachen	21 757 × 54,–	1 174 878,–
			10 267 074,–
11	Köln	8 446 × 60,–	506 760,–
	Bonn	—	—
	Aachen	—	—
12	Köln	5 886 × 60,–	353 160,–
	Bonn	28 129 × 72,–	2 025 288,–
	Aachen	10 192 × 54,–	550 368,–
			2 928 816,–

[11] Mitteilungen der Hochschulverwaltungen und Staatshochbauämter Köln, Bonn und Aachen an das Finanzwissenschaftliche Forschungsinstitut an der Universität zu Köln.

Tab. IIc Berechnung der Abschreibungen auf Anlagen und Einrichtungsgegenstände (Kostenarten 13–16) [12]

Kostenart	Vermögenswert (DM)	Abschreibungs-prozentsatz (%)	Verrechnete Abschreibungen (DM)
13	2 769 330	10	276 933,–
14	120 677 264	10 oder 20	19 995 014,–
15	19 806 624	10	1 980 624,–
16	4 213 760	10	421 376,–
	147 466 978		22 673 974,–

Aufteilung Kostenart 14:

Ausbildungswege	Vermögenswert (DM)	Abschreibungs-prozentsatz (%)	Verrechnete Abschreibungen (DM)
1	3 978 218	10	397 822,–
2	21 344 797	10	2 134 480,–
3	35 053 532	20	7 010 706,–
4	9 791 356	20	1 958 271,–
5	3 838 871	10	383 887,–
6	4 036 495	10	403 649,–
7	15 836 462	20	3 167 292,–
8	9 875 007	20	1 975 002,–
9	8 716 532	20	1 743 306,–
10	1 280 980	10	128 098,–
11	6 925 014	20	692 501,–
	120 687 264		19 995 014,–
Klinikvermögen Köln, Bonn und Aachen			
	48 286 414	ø 13,4	6 420 379,–

[12] Mitteilungen der Hochschulverwaltungen Köln, Bonn und Aachen an das Finanzwissenschaftliche Forschungsinstitut an der Universität zu Köln.

Tab. IId Berechnung der Kapitalverzinsung des durch die Einrichtungsgegenstände und Anlagen gemäß Kostenart 13–16 gebundenen Kapitals (Kostenart 17) [13]

Kostenart	Vermögenswert (DM)	Zinssatz (%)	Verrechnete Verzinsung (DM)
13	2 769 330	6	166 160
14	120 677 264	6	7 240 634
15	19 806 624	6	1 188 412
16	4 213 760	6	252 826
	147 466 978		8 848 032

Aufteilung der Kostenart 14:

Ausbildungswege	Vermögenswert (DM)	Zinssatz (%)	Verrechnete Verzinsung (DM)
1	3 978 218	6	238 693
2	21 344 797	6	1 280 687
3	35 053 532	6	2 103 211
4	9 791 356	6	587 481
5	3 838 871	6	230 332
6	4 036 495	6	242 190
7	15 836 462	6	950 188
8	9 875 007	6	592 500
9	8 716 532	6	522 992
10	1 280 980	6	76 859
11	6 925 014	6	415 501
	120 677 264		7 240 634
Geschätztes Klinikvermögen Köln, Bonn und Aachen			
	48 286 414	6	2 897 184

[13] Mitteilungen der Hochschulverwaltungen Köln, Bonn und Aachen an das Finanzwissenschaftliche Forschungsinstitut an der Universität zu Köln.

Tab. IIe Berechnung der Nutzungskosten unbebauter Grundstücke (Kostenart 18) inclusive Klinikgelände [14]

Hochschule	m² × Kaufpreis (DM)	Wert (DM)	6% des Wertes (DM)
Köln	47.271 × 20,–	945 420,–	56 724,–
Bonn	106 000 × 20,–	2 120 000,–	127 200,–
Aachen	217 708 × 20,–	4 354 160,–	261 250,–
			445 174,–
Versuchsgüter			
Bonn	445 000 × 10,–	4 450 000,–	267 000,–

III. Verteilung der Kosten je Kostenart/Kostenstelle auf die Kostenträger (Vgl. Tab. IIIa–IIIp)

Da als Kostenträger allein die akademisch ausgebildeten Studenten je Ausbildungsweg angesehen werden sollten, galt es, soweit wie möglich, die Kosten für sonstige Universitätsleistungen von den reinen Ausbildungskosten abzugrenzen. Dieses Problem stellte sich besonders in der Kostenermittlung des Studienganges der Mediziner, da sich die Gesamtkosten der Medizin zusammensetzen aus Kosten der medizinischen Fakultät an den Hochschulen einerseits und aus Kosten der Universitätskliniken, an denen parallel zur Krankenheilbehandlung die praktische, d. h. klinische, Ausbildung der Mediziner erfolgt, andererseits.
Nach Auffassung des Deutschen Krankenhausinstituts in Düsseldorf müssen von den Kosten der Universitätskliniken rund 70 % als Kosten für die laufende Krankenversorgung abgezogen werden, bevor die restlichen 30 % dieser Position sowie die anteiligen allgemeinen Kosten der Universität zusammen die Kosten für Ausbildung und Forschung ergeben. Das setzte jedoch voraus, daß auch für die Universitätskliniken erst die Gesamtkosten ermittelt werden mußten, da die Haushaltsrechnungen nur Ausgaben aufweisen.
Verbleiben somit 10 globale Kostenträger, die die Kosten für Ausbildung, Forschung und sonstige Leistungen gemeinsam tragen sowie der Kostenträger »Medizinerausbildung«, aus dem die Kosten für die sonstige Leistung »Krankenversorgung« ausgegliedert worden sind, so wird nachfolgend das Problem der Umlage der einzelnen Kostenarten auf diese Kostenträger, soweit notwendig, näher erläutert. Der Genauigkeitsgrad der Gesamtkostenumlage auf die Kostenträger hängt ganz allgemein davon ab, inwieweit sich die Gesamtkosten der einzelnen Kostenarten zusammensetzen aus Kostenträgereinzelkosten, die jeweils exakt einem und nur einem Kostenträger zugerechnet werden können, und Kostenträgergemeinkosten, die zumeist erfassungstechnisch bedingt nur für einige oder sogar alle Kostenträger insgesamt bekannt und erst unter Zuhilfenahme von Verrechnungsschlüsseln (vgl. Tab. IIIp) den Kostenträgern anlastbar sind.
So konnten zum Beispiel die bereits erwähnten 30 % der Hochschulklinikkosten direkt dem Ausbildungsweg der Mediziner – gewissermaßen als Einzelkosten – zugerechnet werden, wogegen die restlichen 70 % voll als Kosten der Krankenversorgung verblieben. Ergibt sich Tab. IIIo somit grundsätzlich als 70 %-Anteil der Werte in Tab. IIIb, so sind jedoch die folgenden Ausnahmen zu beachten:

[14] Mitteilungen der Hochschulverwaltungen Köln, Bonn und Aachen an das Finanzwissenschaftliche Forschungsinstitut an der Universität zu Köln.

Da die Bezüge der Professoren vollständig und die der beamteten Hilfskräfte zum Teil im Hochschulhaushalt erfaßt worden sind, wurde der Ausbildungsweg der Mediziner um den der Krankenversorgung entsprechenden Anteil entlastet (Kostenart 01 = DM 2 999 016, Kostenart 02 = DM 684 219, Kostenart 03 = DM 4 626 693); mußten ebenfalls die Ausbildungskosten noch im Fall der Kostenart 10 um DM 1 593 238 gekürzt werden, so wurde die Nutzung der Hilfs- und Verwaltungsgebäude mit DM 506 751 bzw. DM 2 928 815 voll auf die Ausbildung übernommen, da die Kliniken über eigene Hilfs- und Verwaltungsgebäude verfügen, die in Kostenart 10 bereits berücksichtigt sind. Position 17 setzt sich im Gegensatz zu den bisher diskutierten Ausnahmen zusammen aus den Kapitalverzinsungskosten für das Inventar der Hochschulkliniken in Höhe von DM 1 448 595 und sonstigen Einzelkosten anderer Ausbildungswege in Höhe von DM 2 462 603. In Position 18 (DM 267 000) sind entsprechend Kostenart 17 Einzelkosten auch anderer Ausbildungswege enthalten, da die Grundstücke der Kliniken grundsätzlich nur zusammen mit den Grundstücken der allgemeinen Hochschule erfaßt und errechnet werden konnten. Die Positionen 21 und 22 (DM 370 000 und DM 610 684) wurden ebenfalls voll auf die Ausbildung »Medizin« übertragen, und schließlich sei auf die Kostenart 23 verwiesen, von der ein um DM 6755 größerer Anteil als ursprünglich 30 % auf die Ausbildung direkt übernommen worden ist.

Die verbleibenden Gemeinkosten wurden sodann nach den entsprechenden Verteilungsschlüsseln (vgl. Tab. IIIp) auf die einzelnen Ausbildungswege verteilt, eine Vorgehensweise, die je nach Genauigkeit der Schlüssel allerdings einer Einzelkostenverteilung recht nahekommen dürfte.

Die Gesamtkosten der Kostenart 01 konnten ohne Schwierigkeiten entsprechend der tatsächlichen Verteilung des Lehrpersonals auf die einzelnen Ausbildungswege, wie sie den Hochschulverwaltungen bekannt waren und in weitgehender Übereinstimmung auch den einzelnen Vorlesungsverzeichnissen des Wintersemesters 1966/67 entnommen werden konnten, verrechnet werden (Schlüssel 01). Sie haben fast Einzelkostencharakter; Schwierigkeiten bereiteten demgegenüber die fachliche Aufteilung des Lehrpersonals innerhalb der naturwissenschaftlichen Fakultät einerseits (Ausbildungswege 2, 7, 8 und 9) und der philosophischen Fakultät andererseits (Ausbildungswege 2 und 6). Standen keine eindeutigen Werte zur Verfügung, wurde, wie auch bei allen übrigen Problemen dieser Art, in den folgenden Abschnitten die Verteilung anhand der Prozentzahlen in Tab. Id vorgenommen.

Die Umlage der Kostenart 02 konnte entsprechend dem vorigen Beispiel einmal nach den absolut bekannten Zahlen, ebenfalls anhand der Vorlesungsverzeichnisse überprüfbar, und zum anderen, soweit erforderlich, entsprechend Tab. Id (Schlüssel 02) vorgenommen werden, wobei zu sagen ist, daß diese Methode nur näherungsweise Lösungen zu bieten in der Lage war.

Konnte die zahlenmäßige Verteilung der beamteten Hilfskräfte (Kostenart 03) auch unter Zuhilfenahme von Tab. Id (Schlüssel 03) noch in etwa einzeln festgestellt werden, so stellte die Verteilung der Gesamtkosten der Position 04 erheblich größere Probleme, da sich über die Einzelverteilung dieser Personalgruppe ohne zeitraubende Erhebungen keine eindeutigen Aussagen machen ließen. Da die tatsächliche Verteilung aber ohnehin nicht stark von der der beamteten Hilfskräfte abweichen dürfte, wurde die Verteilung entsprechend Kostenart 03 durchgeführt (Schlüssel 03).

Waren die Positionen 05, 06, 07 und 08 effektive Gemeinkosten, für die entsprechende Einzelverteilungsgrundlagen auch durch exakteste Erhebungen nicht vermittelt werden konnten, so erschien die Entwicklung eines gemischten Verteilungsschlüssels als gerechtfertigt; er ergab sich als Addition der bisher verwandten Schlüssel (Schlüssel 04).

Die kalkulierten Mieten der Kostenarten 09, 11 und 12 wurden entsprechend der festgestellten tatsächlichen Verteilung der Nettonutzflächen, die den Instituten der einzelnen

Ausbildungswege zur Verfügung standen, zugerechnet (Schlüssel 05). Diese Umlagegrundlage weist allerdings den Nachteil auf, daß automatisch unterstellt wurde, die Allgemeinen-, Hilfs- und Verwaltungsgebäude würden in gleichem Umfang von den Ausbildungswegen beansprucht, wie ihnen eigene Instituts- und Seminarräume zur Verfügung stünden. Sicherlich werden von Einzelfall zu Einzelfall gerade in diesem Punkt Gegenargumente geltend gemacht werden können. Beachtet man aber den quantitativen Umfang der relativ exakt und fest als Einzelkosten verteilten Kostenart 10 im Vergleich zu den Positionen 09, 11 und 12, so erscheint die Vorgehensweise dennoch nicht allzu willkürlich.

Eine ähnliche Möglichkeit bot sich bei der Verteilung der Kostenarten 13, 15 und 16 an, und zwar wurden als Verteilungsgrundlage die kalkulierten Werte der Institutseinrichtungen zugrunde gelegt (Schlüssel 06). Die Abschreibungen der Institutseinrichtungen, Kostenart 14, wurden dagegen direkt zugerechnet (Schlüssel 07); sie entsprachen eher Einzel- als Gemeinkosten. Durch Zugrundelegung nur des Vermögenswertes und nicht etwa der Abschreibungen des Institutsinventars für die Verteilung der Positionen 13, 15 und 16 war somit im Gegensatz zu den Instituten selbst ein gleichmäßiger Abschreibungssatz von 10 % möglich. Derselbe Schlüssel wurde auch zur Verteilungsgrundlage von Kostenart 17. Die Nutzungs- und Kapitalverzinsungskosten in Position 18 waren entsprechend den festgestellten Belegerzahlen ohne weiteres zu verteilen (Schlüssel 08), ausgehend von der Unterstellung, daß diese Kosten von allen Ausbildungswegen gleich, und zwar im Verhältnis der Studentenzahlen verursacht oder besser gesagt getragen werden mußten, da es sich hierbei um die anteilige Nutzung von Erholungs- bzw. zum Teil auch von Reservegelände für einen späteren Hochschulausbau handelte.

Machte schon die Verteilung der Wartungs- und Betriebskosten auf die Kosten*arten* 19, 20, 21 und 22 Schwierigkeiten, stellte sich ein noch größeres Problem bei der Verteilung dieser Kosten auf die Kosten*träger*. Es konnte gelöst werden durch die Verwendung des Schlüssels für die Positionen 13, 15 und 16, wenn auch nur näherungsweise (Schlüssel 06). Erst eine kostenorientierte Ausrichtung der Hochschulrechnungswesen wäre in der Lage, exaktere Verteilungen zuzulassen.

Konnten die personalorientierten Kostenarten 23 und 24 ohne größere Bedenken auf die einzelnen Ausbildungswege nach dem schon bekannten gemischten Personal-Verteilungsschlüssel (Schlüssel 04) verteilt werden, so war die Umlage der Positionen 25 und 26 entsprechend der Belegerzahl (Schlüssel 08) ebenfalls relativ unproblematisch, da unterstellt werden konnte, daß die Leistungen der Studentenversorgung von allen Studierenden in gleicher Höhe beansprucht worden sind.

Verbleibt schließlich noch der ungeklärte Restposten, Kostenart 27, ungeklärt deshalb, weil die Kosten nicht eindeutig auf die 26 übrigen Kostenarten aufgeteilt werden konnten, so ist zu sagen, daß entsprechend des von den Geldgebern geforderten exakten Verwendungsnachweises dafür die Aufteilung auf die Kostenträger fast als Einzelkosten erfolgen konnte (Schlüssel 11).

01	Bezüge der ordentlichen Professoren usw.	20 038 866,–
02	Bezüge der emeritierten Professoren	5 376 543,–
03	Bezüge der beamteten Hilfskräfte	34 542 716,–
04	Bezüge der nichtbeamteten Hilfskräfte	10 172 573,–
05	Personalnebenkosten	6 972 245,–
06	Bezüge der planmäßigen Beamten	5 752 267,–
07	Bezüge der Angestellten und Arbeiter	41 387 131,–
08	Personalnebenkosten	767 429,–
09	Nutzung allgemeiner Unterrichtsgebäude	1 969 050–,
10	Nutzung der speziellen Unterrichtsgebäude	21 121 050,–
11	Nutzung der Hilfsgebäude	2 351 424,–
12	Nutzung der Verwaltungsgebäude	1 367 766,–
13	Nutzung des Inventars in 09	276 933,–
14	Nutzung des Inventars in 10	19 995 014,–
15	Nutzung des Inventars in 11	1 980 624,–
16	Nutzung des Inventars in 12	421 376,–
17	Kapitalverzinsung des Kap. 13–16	8 848 032,–
18	Nutzung unbebauter Grundstücke	445 174,–
19	Betriebskosten in 09	1 309 524,–
20	Betriebskosten in 10	26 294 266,–
21	Betriebskosten in 11	3 838 114,–
22	Betriebskosten in 12	2 067 399,–
23	Kosten: Reisen, Veröffentlichungen etc.	2 277 656,–
24	Kosten: Telefonate, Abgaben, Gebühren	1 654 979,–
25	Kosten des Studentenwerks	32 209 981,–
26	Kosten der studentischen Krankenversorgung	2 250 358,–
27	Nichtgeklärte Kosten, Titel 399 HH	23 430 188,–
		279 118 678,–

Tab. IIIb Klinikkosten

01	Bezüge der ordentlichen Professoren usw.	—
02	Bezüge der emeritierten Professoren	—
03	Bezüge der beamteten Hilfskräfte	12 198 654,–
04	Bezüge der nichtbeamteten Hilfskräfte	8 360 530,–
05	Personalnebenkosten	4 036 001,–
06	Bezüge der planmäßigen Beamten	867 714,–
07	Bezüge der Angestellten und Arbeiter	47 483 237,–
08	Personalnebenkosten	3 551 565,–
09	Nutzung allgemeiner Unterrichtsgebäude	—
10	Nutzung der speziellen Unterrichtsgebäude	10 267 071,–
11	Nutzung der Hilfsgebäude	506 751,–
12	Nutzung der Verwaltungsgebäude	2 928 816,–
13	Nutzung des Inventars in 09	—
14	Nutzung des Inventars in 10	6 470 379,–
15	Nutzung des Inventars in 11	—
16	Nutzung des Inventars in 12	—
17	Kapitalverzinsung des Kap. 13–16	3 911 198,–
18	Nutzung unbebauter Grundstücke	267 000,–
19	Betriebskosten in 09	—
20	Betriebskosten in 10	33 887 726,–
21	Betriebskosten in 11	370 000,–
22	Betriebskosten in 12	610 684,–
23	Kosten: Reisen, Veröffentlichungen etc.	75 260,–
24	Kosten: Telefonate, Abgaben, Gebühren	711 832,–
25	Kosten des Studentenwerks	—
26	Kosten der studentischen Krankenversorgung	—
27	Nichtgeklärte Kosten, Titel 399 HH	1 564 836,–
		138 069 254,–

Tab. IIIc

Ausbildungsweg: Wirtschaftswissenschaftler	Beleger:	8803
Effektive Studiendauer: ∅ 10,5 Semester	davon erfolgreich:	7007

			%
01	Bezüge der ordentlichen Professoren usw.	1 310 542,–	6,83
02	Bezüge der emeritierten Professoren	427 435,–	2,22
03	Bezüge der beamteten Hilfskräfte	1 864 767,–	9,72
04	Bezüge der nichtbeamteten Hilfskräfte	549 319,–	2,86
05	Personalnebenkosten	436 462,–	2,27
06	Bezüge der planmäßigen Beamten	360 092,–	1,87
07	Bezüge der Angestellten und Arbeiter	2 590 834,–	13,51
08	Personalnebenkosten	48 041,–	0,25
09	Nutzung allgemeiner Unterrichtsgebäude	78 762,–	0,41
10	Nutzung der speziellen Unterrrichtsgebäude	868 728,–	4,53
11	Nutzung der Hilfsgebäude	94 057,–	0,49
12	Nutzung der Verwaltungsgebäude	54 711,–	0,28
13	Nutzung des Inventars in 09	9 138,–	0,04
14	Nutzung des Inventars in 10	397 822,–	2,07
15	Nutzung des Inventars in 11	65 361,–	0,34
16	Nutzung des Inventars in 12	13 905,–	0,07
17	Kapitalverzinsung des Kap. 13–16	291 986,–	1,52
18	Nutzung unbebauter Grundstücke	94 022,–	0,49
19	Betriebskosten in 09	43 214,–	0,22
20	Betriebskosten in 10	867 711,–	4,52
21	Betriebskosten in 11	126 658,–	0,66
22	Betriebskosten in 12	68 224,–	0,35
23	Kosten: Reisen, Veröffentlichungen etc.	142 581,–	0,74
24	Kosten: Telefonate, Abgaben, Gebühren	103 602,–	0,54
25	Kosten des Studentenwerkes	6 802 747,–	35,61
26	Kosten der studentischen Krankenversorgung	475 277,–	2,47
27	Nichtgeklärte Kosten, Titel 399 HH	982 786,–	5,12
		19 168 784,–	100

Tab. IIId

Ausbildungsweg: Gymnasial- und Realschullehrer — Beleger: 7711
Effektive Studiendauer: Gymn.: 13,3 Semester — davon erfolgreich: 6315
Real.: 9,4 Semester

			%
01	Bezüge der ordentlichen Professoren usw.	3 955 675,–	7,20
02	Bezüge der emeritierten Professoren	947 349,–	1,72
03	Bezüge der beamteten Hilfskräfte	9 859 090,–	17,92
04	Bezüge der nichtbeamteten Hilfskräfte	2 904 270,–	5,29
05	Personalnebenkosten	1 589 672,–	2,89
06	Bezüge der planmäßigen Beamten	1 311 518,–	2,39
07	Bezüge der Angestellten und Arbeiter	9 436 266,–	17,17
08	Personalnebenkosten	174 974,–	0,32
09	Nutzung allgemeiner Unterrrichtsgebäude	278 818,–	0,51
10	Nutzung der speziellen Unterrichtsgebäude	3 168 072,–	5,77
11	Nutzung der Hilfsgebäude	332 962,–	0,61
12	Nutzung der Verwaltungsgebäude	193 676,–	0,35
13	Nutzung des Inventars in 09	48 989,–	0,09
14	Nutzung des Inventars in 10	2 134 480,–	3,88
15	Nutzung des Inventars in 11	350 372,–	0,64
16	Nutzung des Inventars in 12	74 541,–	0,14
17	Kapitalverzinsung des Kap. 13–16	1 565 214,–	2,85
18	Nutzung unbebauter Grundstücke	82 358,–	0,15
19	Betriebskosten in 09	231 655,–	0,42
20	Betriebskosten in 10	4 721 762,–	8,59
21	Betriebskosten in 11	678 962,–	1,24
22	Betriebskosten in 12	365 723,–	0,67
23	Kosten: Reisen, Veröffentlichungen etc.	528 960,–	0,96
24	Kosten: Telefonate, Abgaben, Gebühren	377 335,–	0,69
25	Kosten des Studentenwerkes	5 958 846,–	10,84
26	Kosten der studentischen Krankenversorgung	416 316,–	0,76
27	Nichtgeklärte Kosten, Titel 399 HH	3 265 247,–	5,94
		54 953 102,–	100

Tab. IIIe

Ausbildungsweg: Ingenieure	Beleger: 6297
Effektive Studiendauer: ⌀ 12,0 Semester	davon erfolgreich: 5025

			%
01	Bezüge der ordentlichen Professoren usw.	3 278 358,–	5,70
02	Bezüge der emeritierten Professoren	824 762,–	1,43
03	Bezüge der beamteten Hilfskräfte	4 530 692,–	7,88
04	Bezüge der nichtbeamteten Hilfskräfte	1 334 641,–	2,32
05	Personalnebenkosten	1 049 323,–	1,82
06	Bezüge der planmäßigen Beamten	865 716,–	1,51
07	Bezüge der Angestellten und Arbeiter	6 228 763,–	10,83
08	Personalnebenkosten	115 498,–	0,20
09	Nutzung allgemeiner Unterrichtsgebäude	622 811,–	1,08
10	Nutzung der speziellen Unterrrichtsgebäude	5 848 092,–	10,17
11	Nutzung der Hilfsgebäude	743 755,–	1,29
12	Nutzung der Verwaltungsgebäude	432 624,–	0,75
13	Nutzung des Inventars in 09	80 478,–	0,14
14	Nutzung des Inventars in 10	7 010 706,–	12,21
15	Nutzung des Inventars in 11	575 568,–	1,00
16	Nutzung des Inventars in 12	122 453,–	0,21
17	Kapitalverzinsung des Kap. 13–16	2 571 236,–	4,47
18	Nutzung unbebauter Grundstücke	67 266,–	0,12
19	Betriebskosten in 09	380 548,–	0,66
20	Betriebskosten in 10	7 641 114,–	13,31
21	Betriebskosten in 11	1 115 355,–	1,94
22	Betriebskosten in 12	600 787,–	1,04
23	Kosten: Reisen, Veröffentlichungen etc.	342 787,–	0,60
24	Kosten: Telefonate, Abgaben, Gebühren	249 074,–	0,43
25	Kosten des Studentenwerkes	4 866 928,–	8,46
26	Kosten der studentischen Krankenversorgung	340 029,–	0,59
27	Nichtgeklärte Kosten, Titel 399 HH	5 660 181,–	9,84
		57 499 545,–	100

Tab. IIIf

Ausbildungsweg: Human- und Zahnmediziner — Beleger: 4355
Effektive Studiendauer: Humanmed.: 12,3 Semester — davon erfolgreich: 3911
Zahnmed.: 11,0 Semester

			%
01	Bezüge der ordentlichen Professoren usw.	1 285 293,–	1,74
02	Bezüge der emeritierten Professoren	293 236,–	0,40
03	Bezüge der beamteten Hilfskräfte	5 642 465,–	7,62
04	Bezüge der nichtbeamteten Hilfskräfte	4 455 190,–	6,02
05	Personalnebenkosten	2 620 588,–	3,54
06	Bezüge der planmäßigen Beamten	1 423 423,–	1,92
07	Bezüge der Angestellten und Arbeiter	22 613 449,–	30,53
08	Personalnebenkosten	1 220 643,–	1,65
09	Nutzung allgemeiner Unterrrichtsgebäude	196 117,–	0,26
10	Nutzung der speziellen Unterrichtsgebäude	3 762 938,–	5,08
11	Nutzung der Hilfsgebäude	740 962,–	1,00
12	Nutzung der Verwaltungsgebäude	3 065 045,–	4,14
13	Nutzung des Inventars in 09	22 459,–	0,03
14	Nutzung des Inventars in 10	3 899 385,–	5,26
15	Nutzung des Inventars in 11	160 629,–	0,23
16	Nutzung des Inventars in 12	34 174,–	0,05
17	Kapitalverzinsung des Kap. 13–16	3 614 760,–	4,88
18	Nutzung unbebauter Grundstücke	46 520,–	0,06
19	Betriebskosten in 09	106 202,–	0,14
20	Betriebskosten in 10	11 527 639,–	15,53
21	Betriebskosten in 11	681 271,–	0,92
22	Betriebskosten in 12	778 350,–	1,05
23	Kosten: Reisen, Veröffentlichungen etc.	480 224,–	0,65
24	Kosten: Telefonate, Abgaben, Gebühren	548 187,–	0,74
25	Kosten des Studentenwerkes	3 365 943,–	4,54
26	Kosten der studentischen Krankenversorgung	235 162,–	0,32
27	Nichtgeklärte Kosten, Titel 399 HH	1 246 572,–	1,70
		74 066 826,–	100

Tab. IIIg

Ausbildungsweg: Juristen — Beleger: 4484

Effektive Studiendauer: 9,3 Semester — davon erfolgreich: 3708

			%
01	Bezüge der ordentlichen Professoren usw.	1 332 584,–	9,70
02	Bezüge der emeritierten Professoren	397 326,–	2,89
03	Bezüge der beamteten Hilfskräfte	1 440 014,–	10,48
04	Bezüge der nichtbeamteten Hilfskräfte	424 196,–	3,09
05	Personalnebenkosten	404 390,–	2,94
06	Bezüge der planmäßigen Beamten	333 631,–	2,43
07	Bezüge der Angestellten und Arbeiter	2 400 454,–	17,47
08	Personalnebenkosten	44 511,–	0,32
09	Nutzung allgemeiner Unterrichtsgebäude	71 870,–	0,52
10	Nutzung der speziellen Unterrrichtsgebäude	842 244,–	6,13
11	Nutzung der Hilfsgebäude	85 827,–	0,62
12	Nutzung der Verwaltungsgebäude	49 923,–	0,36
13	Nutzung des Inventars in 09	8 806,–	0,06
14	Nutzung des Inventars in 10	383 887,–	2,79
15	Nutzung des Inventars in 11	62 984,–	0,46
16	Nutzung des Inventars in 12	13 399,–	0,10
17	Kapitalverzinsung des Kap. 13–16	281 368,–	2,05
18	Nutzung unbebauter Grundstücke	47 900,–	0,35
19	Betriebskosten in 09	41 643,–	0,30
20	Betriebskosten in 10	836 158,–	6,08
21	Betriebskosten in 11	122 052,–	0,89
22	Betriebskosten in 12	65 743,–	0,48
23	Kosten: Reisen, Veröffentlichungen etc.	132 104,–	0,96
24	Kosten: Telefonate, Abgaben, Gebühren	95 989,–	0,70
25	Kosten des Studentenwerkes	3 465 794,–	25,22
26	Kosten der studentischen Krankenversorgung	242 139,–	1,76
27	Nichtgeklärte Kosten, Titel 399 HH	116 761,–	0,85
		13 743 697,–	100

Tab. IIIb

Ausbildungsweg: Berufe der Phil. Fakultät — Beleger: 3017
Effektive Studiendauer: ⌀ 9 Semester — davon erfolgreich: 1717

			%
01	Bezüge der ordentlichen Professoren usw.	1 266 456,–	7,65
02	Bezüge der emeritierten Professoren	305 388,–	1,85
03	Bezüge der beamteten Hilfskräfte	3 570 683,–	21,57
04	Bezüge der nichtbeamteten Hilfskräfte	1 051 844,–	6,36
05	Personalnebenkosten	540 349,–	3,27
06	Bezüge der planmäßigen Beamten	445 801,–	2,69
07	Bezüge der Angestellten und Arbeiter	3 207 503,–	19,39
08	Personalnebenkosten	59 476,–	0,36
09	Nutzung allgemeiner Unterrrichtsgebäude	77 187,–	0,47
10	Nutzung der speziellen Unterrichtsgebäude	862 164,–	5,21
11	Nutzung der Hilfsgebäude	92 176,–	0,56
12	Nutzung der Verwaltungsgebäude	53 616,–	0,32
13	Nutzung des Inventars in 09	9 250,–	0,06
14	Nutzung des Inventars in 10	403 649,–	2,44
15	Nutzung des Inventars in 11	66 153,–	0,40
16	Nutzung des Inventars in 12	14 074,–	0,09
17	Kapitalverzinsung des Kap. 13–16	295 524,–	1,79
18	Nutzung unbebauter Grundstücke	32 230,–	0,19
19	Betriebskosten in 09	43 738,–	0,26
20	Betriebskosten in 10	948 534,–	5,73
21	Betriebskosten in 11	128 193,–	0,77
22	Betriebskosten in 12	69 051,–	0,42
23	Kosten: Reisen, Veröffentlichungen etc.	176 518,–	1,07
24	Kosten: Telefonate, Abgaben, Gebühren	128 261,–	0,78
25	Kosten des Studentenwerkes	2 332 002,–	14,09
26	Kosten der studentischen Krankenversorgung	162 926,–	0,98
27	Nichtgeklärte Kosten, Titel 399 HH	203 489,–	1,23
		16 546 235,–	100

Tab. IIIi

Ausbildungsweg: Berufe der naturwiss. Fakultät — Beleger: 2642
Effektive Studiendauer: Pharmazie: 6 Semester — davon erfolgreich: 1637
Sonstige: 13,5 Semester

			%
01	Bezüge der ordentlichen Professoren usw.	1 442 798,–	5,50
02	Bezüge der emeritierten Professoren	396 788,–	1,51
03	Bezüge der beamteten Hilfskräfte	2 130 668,–	8,12
04	Bezüge der nichtbeamteten Hilfskräfte	627 648,–	2,39
05	Personalnebenkosten	476 901,–	1,82
06	Bezüge der planmäßigen Beamten	393 455,–	1,50
07	Bezüge der Angestellten und Arbeiter	2 830 880,–	10,79
08	Personalnebenkosten	52 492,–	0,20
09	Nutzung allgemeiner Unterrichtsgebäude	248 100,–	0,95
10	Nutzung der speziellen Unterrrichtsgebäude	2 718 570,–	10,36
11	Nutzung der Hilfsgebäude	296 270,–	1,13
12	Nutzung der Verwaltungsgebäude	172 339,–	0,66
13	Nutzung des Inventars in 09	36 334,–	0,14
14	Nutzung des Inventars in 10	3 167 292,–	12,09
15	Nutzung des Inventars in 11	259 858,–	0,99
16	Nutzung des Inventars in 12	55 284,–	0,21
17	Kapitalverzinsung des Kap. 13–16	1 160 862,–	4,43
18	Nutzung unbebauter Grundstücke	28 224,–	0,11
19	Betriebskosten in 09	171 809,–	0,65
20	Betriebskosten in 10	3 449 807,–	13,15
21	Betriebskosten in 11	503 561,–	1,92
22	Betriebskosten in 12	271 243,–	1,03
23	Kosten: Reisen, Veröffentlichungen etc.	155 791,–	0,59
24	Kosten: Telefonate, Abgaben, Gebühren	113 200,–	0,43
25	Kosten des Studentenwerkes	2 042 113,–	7,78
26	Kosten der studentischen Krankenversorgung	142 672,–	0,54
27	Nichtgeklärte Kosten, Titel 399 HH	2 887 921,–	11,01
		26 232 880,–	100

Tab. IIIk

Ausbildungsweg: Physiker — Beleger: 1750

Effektive Studiendauer: 15 Semester — davon erfolgreich: 1307

			%
01	Bezüge der ordentlichen Professoren usw.	918 780,–	4,52
02	Bezüge der emeritierten Professoren	244 762,–	1,20
03	Bezüge der beamteten Hilfskräfte	1 384 762,–	6,82
04	Bezüge der nichtbeamteten Hilfskräfte	407 920,–	2,01
05	Personalnebenkosten	304 687,–	1,50
06	Bezüge der planmäßigen Beamten	251 374,–	1,24
07	Bezüge der Angestellten und Arbeiter	1 808 618,–	8,91
08	Personalnebenkosten	33 537,–	0,17
09	Nutzung allgemeiner Unterrrichtsgebäude	105 935,–	0,52
10	Nutzung der speziellen Unterrichtsgebäude	1 203 798,–	5,93
11	Nutzung der Hilfsgebäude	126 507,–	0,62
12	Nutzung der Verwaltungsgebäude	73 586,–	0,36
13	Nutzung des Inventars in 09	22 653,–	0,11
14	Nutzung des Inventars in 10	1 975 002,–	9,73
15	Nutzung des Inventars in 11	162 015,–	0,80
16	Nutzung des Inventars in 12	34 469,–	0,17
17	Kapitalverzinsung des Kap. 13–16	723 770,–	3,56
18	Nutzung unbebauter Grundstücke	18 698,–	0,09
19	Betriebskosten in 09	107 119,–	0,53
20	Betriebskosten in 10	2 150 871,–	10,60
21	Betriebskosten in 11	313 958,–	1,55
22	Betriebskosten in 12	169 113,–	0,83
23	Kosten: Reisen, Veröffentlichungen etc.	99 534,–	0,49
24	Kosten: Telefonate, Abgaben, Gebühren	72 323,–	0,36
25	Kosten des Studentenwerkes	1 352 819,–	6,66
26	Kosten der studentischen Krankenversorgung	94 515,–	0,47
27	Nichtgeklärte Kosten, Titel 399 HH	6 142 312,–	30,25
		20 303 437,–	100

Tab. IIIl

Ausbildungsweg: Chemiker — Beleger: 1455
Effektive Studiendauer: 14,4 Semester — davon erfolgreich: 1129

			%
01	Bezüge der ordentlichen Professoren usw.	633 228,–	4,44
02	Bezüge der emeritierten Professoren	183 340,–	1,28
03	Bezüge der beamteten Hilfskräfte	960 009,–	6,73
04	Bezüge der nichtbeamteten Hilfskräfte	282 797,–	1,98
05	Personalnebenkosten	211 956,–	1,48
06	Bezüge der planmäßigen Beamten	174 869,–	1,23
07	Bezüge der Angestellten und Arbeiter	1 258 169,–	8,81
08	Personalnebenkosten	23 330,–	0,16
09	Nutzung allgemeiner Unterrichtsgebäude	136 061,–	0,95
10	Nutzung der speziellen Unterrichtsgebäude	1 415 658,–	9,92
11	Nutzung der Hilfsgebäude	162 483,–	1,14
12	Nutzung der Verwaltungsgebäude	94 513,–	0,66
13	Nutzung des Inventars in 09	19 995,–	0,14
14	Nutzung des Inventars in 10	1 743 306,–	12,21
15	Nutzung des Inventars in 11	143 001,–	1,00
16	Nutzung des Inventars in 12	30 423,–	0,21
17	Kapitalverzinsung des Kap. 13–16	638 828,–	4,48
18	Nutzung unbebauter Grundstücke	15 536,–	0,11
19	Betriebskosten in 09	94 548,–	0,66
20	Betriebskosten in 10	1 898 446,–	13,30
21	Betriebskosten in 11	277 112,–	1,94
22	Betriebskosten in 12	149 266,–	1,05
23	Kosten: Reisen, Veröffentlichungen etc.	69 241,–	0,49
24	Kosten: Telefonate, Abgaben, Gebühren	50 311,–	0,35
25	Kosten des Studentenwerkes	1 124 128,–	7,88
26	Kosten der studentischen Krankenversorgung	78 537,–	0,55
27	Nichtgeklärte Kosten, Titel 399 HH	2 405 489,–	16,85
		14 274 580,–	100

Tab. IIIm

Ausbildungsweg: Theologen — Beleger: 900

Effektive Studiendauer: kath.: 12,2 Semester — davon erfolgreich: 805

evang.: 11,4 Semester

			%
01	Bezüge der ordentlichen Professoren usw.	699 356,–	13,31
02	Bezüge der emeritierten Professoren	397 326,–	7,55
03	Bezüge der beamteten Hilfskräfte	531 804,–	10,10
04	Bezüge der nichtbeamteten Hilfskräfte	156 658,–	2,98
05	Personalnebenkosten	220 323,–	4,19
06	Bezüge der planmäßigen Beamten	181 771,–	3,45
07	Bezüge der Angestellten und Arbeiter	1 307 833,–	24,84
08	Personalnebenkosten	24 251,–	0,46
09	Nutzung allgemeiner Unterrrichtsgebäude	16 934,–	0,32
10	Nutzung der speziellen Unterrichtsgebäude	209 904,–	3,99
11	Nutzung der Hilfsgebäude	20 222,–	0,38
12	Nutzung der Verwaltungsgebäude	11 763,–	0,22
13	Nutzung des Inventars in 09	2 935,–	0,06
14	Nutzung des Inventars in 10	128 098,–	2,43
15	Nutzung des Inventars in 11	20 995,–	0,40
16	Nutzung des Inventars in 12	4 467,–	0,08
17	Kapitalverzinsung des Kap. 13–16	93 790,–	1,78
18	Nutzung unbebauter Grundstücke	9 616,–	0,18
19	Betriebskosten in 09	13 881,–	0,26
20	Betriebskosten in 10	278 719,–	5,29
21	Betriebskosten in 11	40 684,–	0,77
22	Betriebskosten in 12	21 914,–	0,42
23	Kosten: Reisen, Veröffentlichungen etc.	71 974,–	1,37
24	Kosten: Telefonate, Abgaben, Gebühren	52 297,–	0,99
25	Kosten des Studentenwerkes	695 736,–	13,22
26	Kosten der studentischen Krankenversorgung	48 608,–	0,92
27	Nichtgeklärte Kosten, Titel 399 HH	2 202,–	0,04
		5 264 061,–	100

Tab. IIIn

Ausbildungsweg: Landwirte — Beleger: 263

Effektive Studiendauer: 7 Semester — davon erfolgreich: 249

			%
01	Bezüge der ordentlichen Professoren usw.	917 780,–	5,97
02	Bezüge der emeritierten Professoren	274 741,–	1,79
03	Bezüge der beamteten Hilfskräfte	1 650 665,–	10,73
04	Bezüge der nichtbeamteten Hilfskräfte	486 249,–	3,16
05	Personalnebenkosten	328 394,–	2,13
06	Bezüge der planmäßigen Beamten	270 932,–	1,76
07	Bezüge der Angestellten und Arbeiter	1 949 333,–	12,67
08	Personalnebenkosten	36 145,–	0,23
09	Nutzung allgemeiner Unterrichtsgebäude	136 455,–	0,89
10	Nutzung der speziellen Unterrrichtsgebäude	1 707 768,–	11,10
11	Nutzung der Hilfsgebäude	162 954,–	1,06
12	Nutzung der Verwaltungsgebäude	94 786,–	0,62
13	Nutzung des Inventars in 09	15 896,–	0,10
14	Nutzung des Inventars in 10	692 501,–	4,50
15	Nutzung des Inventars in 11	113 688,–	0,74
16	Nutzung des Inventars in 12	24 187,–	0,16
17	Kapitalverzinsung des Kap. 13–16	507 878,–	3,30
18	Nutzung unbebauter Grundstücke	269 804,–	1,75
19	Betriebskosten in 09	75 167,–	0,49
20	Betriebskosten in 10	3 939 159,–	25,61
21	Betriebskosten in 11	220 308,–	1,43
22	Betriebskosten in 12	118 669,–	0,77
23	Kosten: Reisen, Veröffentlichungen etc.	107 278,–	0,70
24	Kosten: Telefonate, Abgaben, Gebühren	77 950,–	0,51
25	Kosten des Studentenwerkes	202 923,–	1,32
26	Kosten der studentischen Krankenversorgung	14 177,–	0,09
27	Nichtgeklärte Kosten, Titel 399 HH	987 679,–	6,42
		15 383 466,–	100

01	Bezüge der ordentlichen Professoren usw.	2 999 016,–
02	Bezüge der emeritierten Professoren	684 219,–
03	Bezüge der beamteten Hilfskräfte	13 165 751,–
04	Bezüge der nichtbeamteten Hilfskräfte	5 852 371,–
05	Personalnebenkosten	2 825 201,–
06	Bezüge der planmäßigen Beamten	607 399,–
07	Bezüge der Angestellten und Arbeiter	33 238 266,–
08	Personalnebenkosten	2 486 096,–
09	Nutzung allgemeiner Unterrrichtsgebäude	—
10	Nutzung der speziellen Unterrichtsgebäude	8 780 188,–
11	Nutzung der Hilfsgebäude	—
12	Nutzung der Verwaltungsgebäude	—
13	Nutzung des Inventars in 09	—
14	Nutzung des Inventars in 10	4 529 265,–
15	Nutzung des Inventars in 11	—
16	Nutzung des Inventars in 12	—
17	Kapitalverzinsung des Kap. 13–16	1 014 014,–
18	Nutzung unbebauter Grundstücke	—
19	Betriebskosten in 09	—
20	Betriebskosten in 10	21 922 072,–
21	Betriebskosten in 11	—
22	Betriebskosten in 12	—
23	Kosten: Reisen, Veröffentlichungen etc.	45 924,–
24	Kosten: Telefonate, Abgaben, Gebühren	498 282,–
25	Kosten des Studentenwerkes	—
26	Kosten der studentischen Krankenversorgung	—
27	Nichtgeklärte Kosten, Titel 399 HH	1 095 385,–
		99 743 449,–

Tab. IIIp *Verteilungsschlüssel* [15]

Nr.	Ausbildungsweg	1	2	3	4	5	6	7	8	9	10	11	
01	ordentliche Professoren usw.	60 = 6,54%	181 = 19,74%	150 = 16,36%	196 = 21,38%	61 = 6,65%	58 = 6,32%	66 = 7,20%	42 = 4,58%	29 = 3,16%	32 = 3,49%	42 = 4,58%	100%
02	emeritierte Professoren	14 = 7,95%	31 = 17,62%	27 = 15,34%	32 = 18,18%	13 = 7,39%	10 = 5,68%	13 = 7,38%	8 = 4,55%	66 = 3,41%	13 = 7,39%	9 = 5,11%	100%
03	Beamtete Hilfskräfte	35 = 5,40%	185 = 28,55%	85 = 13,12%	124 = 19,14%	27 = 4,17%	67 = 10,34%	40 = 6,17%	26 = 4,01%	18 = 2,78%	10 = 1,54%	31 = 4,78%	100%
04	Lehrpersonal gesamt	109 = 6,26%	397 = 22,80%	262 = 15,05%	352 = 20,22%	108 = 5,80%	135 = 7,75%	119 = 6,84%	76 = 4,37%	53 = 3,04%	55 = 3,16%	82 = 4,71%	100%
05	Institutsflächen (qm)	13 699 = 4,00%	48 460 = 14,16%	108 298 = 31,63%	34 077 = 9,96%	12 478 = 3,65%	13 403 = 3,92%	43 134 = 12,60%	18 428 = 5,38%	23 659 = 6,91%	2 941 = 0,85%	23 719 = 6,93%	100%
06	Wert der Institutseinrichtungen (DM)	3 978 218 = 3,30%	21 344 797 = 17,69%	35 053 532 = 29,06%	9 791 356 = 8,11%	3 838 871 = 3,18%	4 036 495 = 3,34%	15 836 462 = 13,12%	9 875 007 = 8,18%	8 716 532 = 7,22%	1 280 980 = 1,06%	6 925 014 = 5,74%	100%
07	Abschreibungen auf Institutseinrichtungen (DM)	397 822 = 1,99%	2 134 480 = 10,68%	7 010 706 = 35,06%	1 958 271 = 9,79%	383 887 = 1,92%	403 649 = 2,02%	3 167 292 = 15,84%	1 975 002 = 9,88%	1 743 306 = 8,72%	128 098 = 0,64%	692 501 = 3,46%	100%
08	Beleger im WS 1966/67	8 803 = 21,12%	7 711 = 18,50%	6 297 = 15,11%	4 355 = 10,45%	4 484 = 10,76%	3 017 = 7,24%	2 642 = 6,34%	1 750 = 7,20%	1 455 = 3,49%	900 = 2,16%	263 = 0,63%	100%
09	erfolgreiche Beleger	7 707 = 21,35%	6 315 = 19,26%	5 025 = 15,32%	3 911 = 11,92%	3 708 = 11,30%	1 717 = 5,23%	1 637 = 4,98%	1 307 = 3,98%	1 129 = 3,44%	805 = 2,45%	249 = 0,76%	100%
10	erfolglose Beleger	1,796 = 20,26%	1 396 = 15,74%	1 272 = 14,35%	444 = 5,01%	776 = 8,75%	1 300 = 14,66%	1 005 = 11,33%	443 = 4,99%	326 = 3,67%	95 = 1,07%	14 = 0,17%	100%
11	Kosten aus Titel 399 (DM)	982 786	3 264 247	5 660 181	722 121	116 761	203 489	2 887 921	6 142 312	2 405 489	2 202	987 679	
				Allg. Unterrichtsgebäude		Spez. Unterrichtsgebäude		Hilfsgebäude		Verwaltungsgebäude			
12	Allgemeine Flächenverteilung (qm)			35 852 = 7,54%		342 292 = 78,57%		37 563 = 8,62%		22 973 = 5,27%			100%

[15] Quellenangaben: Vgl. Text, III.

IV. Gegenüberstellung der Kosten nach unterschiedlichen Vergleichskriterien (Vgl. Tab. IVa–IVd)

a) Jährliche Gesamtkosten und jährliche Fortlaufende Ausgaben der Hochschulen

Die jährlichen Fortlaufenden *Ausgaben* der Universitäten Bonn und Köln sowie der Technischen Hochschule Aachen beliefen sich einschließlich der Fortlaufenden *Ausgaben* der drei Hochschulkliniken 1966 insgesamt auf DM 302 646 271 [16]; demgegenüber betrugen die *Kosten* für diesen Zeitraum DM 417 177 933. Damit überstiegen die Kosten die laufenden Ausgaben um DM 114 531 662 oder 37,84 %. Globalstatistiken, die die laufenden Ausgaben als Kostengrundlage ansehen, müßten also um rund 40 % erhöht werden, um annähernd mit den effektiven Kostenwerten übereinzustimmen.

b) Jährliche Gesamtkosten der untersuchten Ausbildungswege

Vergleicht man die Gesamtkosten (vgl. Tab. IVa, Zeile 0), die die Ausbildung der 11 Studienwege jährlich hervorruft, und zwar ohne Rücksicht auf die Anzahl der Studierenden, so stehen die Kosten der medizinischen Ausbildung, selbst nach Abzug des Kostenanteils für die Krankenversorgung der Hochschulkliniken (DM 99 743 549), mit DM 74 006 826 weit an der Spitze.
Faßt man die Kosten der Allg. naturwissenschaftlichen Berufe (DM 26 232 880), der Physiker (DM 20 302 308) und der Chemiker (DM 14 274 580) zusammen, so stehen an zweiter Stelle die Naturwissenschaftler mit jährlichen Kosten in Höhe von DM 60 809 768, gefolgt von den Ingenieuren mit DM 57 499 545 und den Kosten der Gymnasial- und Realschullehrer in Höhe von DM 54 952 102.
Unverhältnismäßig geringere Gesamtkosten verursachen sodann die Ausbildungen der Wirtschaftswissenschaftler mit DM 19 168 784, der Allg. Philosophischen Berufe mit DM 16 546 235, der Landwirte mit DM 15 383 466 und der Juristen mit DM 13 743 697 und schließlich der Theologen mit DM 5 264 061.
Dürfen diese Relationen eigentlich nicht ohne weiteres zu der Aussage verleiten, daß für den Staat damit etwa die Ausbildung der Mediziner, bezogen auf den Untersuchungszeitraum, von vorrangiger Bedeutung war, da von dem ausgewählten Beispiel noch nicht auf die Gesamtbelastung des Staates (d. h. Bundeslandes) durch die einzelnen Ausbildungswege geschlossen werden kann, so darf diese Einschränkung unter der Voraussetzung, daß die Kosten pro Ausbildungswege und Beleger an allen Unterrichtsstätten halbwegs übereinstimmen, im vorliegenden Beispiel jedoch praktisch fallengelassen werden; es hat sich nämlich herausgestellt, daß das der Studie zugrunde liegende Verhältnis der Belegerzahlen mit Ausnahme des Studienganges der Ingenieure in etwa dem entsprechenden Verhältnis des Staates (d. h. Bundeslandes) insgesamt gleichkam.

c) Jährliche Kosten, umgerechnet auf die Studierenden der einzelnen Ausbildungswege

Interessante Perspektiven eröffnen die jährlichen Kosten je Ausbildungsweg, also die Kosten für zwei Semester, bezogen auf die Zahl der Studierenden (vgl. Tab. IVb, Zeile II, in Verbindung mit Tab. IVa, Zeile A–F).
Vergleicht man die absoluten Werte, so liegen die Kosten der Landwirtschaftsstudenten in Höhe von DM 58 462 weit an der Spitze, vor denen der Mediziner, DM 17 007, und der Physiker, DM 11 601. Es folgen die Kosten der Allgemeinen Naturwissenschaftlichen Berufe, DM 9929, der Chemiker, DM 9811, der Ingenieure, DM 9131, und der Gymnasial- und Realschullehrer, DM 7126. Sehr viel weniger »kosten« dann die Ausbildung der

[16] Haushaltsrechnung des Landes Nordrhein-Westfalen für das Rechnungsjahr 1966, Kapitel 0511 A, 0513 A, 0514 A; 0511 B, 0513 B, 0514 B.

Theologen, DM 5849, der Allgemeinen Berufe der Philosophischen Fakultät, DM 5484, der Juristen, DM 3065, und schließlich der Wirtschaftswissenschaftler, DM 2178.
Greift man einmal die Daten für den 1. und 11. Ausbildungsweg heraus und unterstellt man, beide Studiengänge lieferten Ausbildungen eines vergleichbaren, quantitativen Niveaus, was unter realistischer Beurteilung kaum zutreffen dürfte, so sind die enormen absoluten Kostenunterschiede im wesentlichen auf die von Studiengang zu Studiengang stark voneinander abweichenden Studentenzahlen zurückzuführen. Ein Zeichen dafür, daß diese Differenz nämlich weniger auf internen, durch Studienordnung und -ablauf bedingten Kosteneinflußfaktoren wie Personal- und Kapitalintensität beruhen, sondern vielmehr externen, kapazitätsmäßigen Disproportionalitäten zugeschrieben werden müssen, kann darin erblickt werden, daß der relativ fast gleiche 40 %ige Personalkostenanteil bei den Wirtschaftswissenschaftlern (39,58 %) und Landwirten (38,45 %) im ersten Fall einer absoluten Kostenhöhe von ca. DM 871 und im zweiten Fall einer solchen von ca. DM 23 397 entspricht. Es wäre abwegig anzunehmen, daß der akademische Lehrstoff der Landwirte eine um das 25fache intensivere Unterrichtung erfordern würde als der der Volks- und Betriebswirte; vielmehr wird es so sein, daß im vorliegenden Beispiel der landwirtschaftliche Studiengang aus welchen Gründen auch immer, im Gegensatz zu dem der Wirtschaftswissenschaftler über beträchtliche Kapazitätsreserven verfügt und damit unterbeschäftigt ist. Ein anderer, mehr wertender Ausdruck für diesen Tatbestand hieße »unnötige materielle und personelle Aufblähung« des einen Ausbildungsweges im Vergleich zum anderen. Könnte die Abgrenzung des Einflußfaktors Ausbildungskapazität bzw. Kapazitätsauslastung in der vorgenannten Weise, also unter der Annahme, daß die beiden anderen externen Kosteneinflußgrößen konstant sind, auch zwischen den übrigen Ausbildungswegen durchgespielt werden, so mag an dieser Stelle jedoch darauf verzichtet werden, da die Aussagen mangels weiterer Indizien für tatsächliche Kapazitäten nur spekulativen Charakter hätten.
Wägt man zudem noch die relativen Werte, d. h. die prozentualen Anteile der fünf Kostenartengruppen A–F aus Tab. IVa gegeneinander ab, so ergeben sich diesmal, unter der ebenfalls nicht ganz realistischen Annahme, daß die externen Kosteneinflußgrößen konstant bleiben, Anzeichen für die Personal- (A), Kapital- (B), Material- (C) und Versorgungsintensität (E) eines jeden Ausbildungsweges.
Danach ist festzustellen, daß die Kostenstruktur der Wirtschaftswissenschaftler geprägt wird von fast gleichen Anteilen an Personalkosten (39,5 %) und Kosten der Studentenversorgung (37,97 %); läßt man die Kosten der Studentenversorgung einmal außer acht; da sie in bezug auf die Abrechnungstechnik dieser Arbeit ausgesprochen den Charakter von variablen Kosten haben (die absolute Kostenhöhe je Student bei allen Ausbildungswegen ist gleich), dann zeichnet sich im Vergleich zum Umfang der übrigen Kostenartengruppen sogar eine starke Personalintensität ab, die allenfalls noch zu beobachten ist bei den Gymnasial- und Realschullehrern (54,91 %), den Juristen (49,30 %), den sonstigen Berufen der Philosophischen Fakultät (63,14 %) und schließlich den Theologen (66,86 %).
Als kapitalintensiv müssen demgegenüber die Ausbildungen der Ingenieure (31,43 %), der Mediziner (20,99 %), der Allgemeinen Berufe der Naturwissenschaftlichen Fakultät (31,05 %), der Physiker (21,90 %), der Chemiker (30,82 %) und schließlich der Landwirte (24,22 %) angesehen werden, wobei zu bemerken ist, daß die Kapitalbindung der Ingenieurausbildung – ebenfalls nach Ausklammerung der Kosten für die Studentenversorgung – stärker als die der übrigen Studiengänge ist.
Die Ausbildung der Landwirte ist wie kein anderer Bildungsweg materialintensiv; die sachlichen Unterhaltskosten machen einen Anteil von 28,30 % der Gesamtkosten aus. Dieser Umstand wird allerdings nicht zuletzt auf den Betrieb von Versuchsgütern zurückzuführen sein, deren Kosten in die Gesamtkosten mit aufgenommen werden mußten. An

zweiter Stelle folgt die Materialintensität der Medizinerausbildung mit 17,68 % vor dem 16,95 %igen Anteil des Studiengangs der Chemiker. Die Ausbildungen der Ingenieure (16,94 %), der Allgemeinen Berufe der Naturwissenschaftlichen Fakultät (16,76 %) und der Physiker (13,50 %) müssen ebenfalls noch als materialintensiv angesehen werden.
Stellen die allgemeinen Kosten der Kostenartengruppe D (Reisen, Veröffentlichungen, Telefone, Abgaben etc.) nur unwesentliche Posten dar, an der Spitze liegen die Theologen mit einem Anteil an den Gesamtkosten in Höhe von 2,36 %, der keiner weiteren Erörterung bedarf, so fallen insbesondere noch die großen Differenzen bei den Kostenanteilen für die Studentenversorgung ins Auge. Sie sind als variable Kosten jedoch unproblematisch. Bedingt durch die unterschiedlichen Studentenzahlen in den einzelnen Ausbildungswegen, wodurch die bisher diskutierten »fixen« Kostenartengruppen zumindest äußerlich dem Effekt einer mehr oder weniger starken Kostendegression unterliegen können, ist es der Ausbildung der Wirtschaftswissenschaftler (37,97 %) zuzuschreiben, nominell als versorgungsintensiv zu erscheinen, gefolgt vom Studiengang der Juristen (26,97 %), der allgemeinen Berufe der Philosophischen Fakultät (15,08 %) und der Theologen (14,14 %).
Die ungeklärten Restposten (Kostenartengruppe F) halten sich mit Ausnahme der Ausbildungswege Physik (30,25 %) und Chemie (16,85 %) noch in akzeptablen Grenzen, d. h. sie liegen im Durchschnitt unter 10 % der Gesamtkosten. Daß sie gerade bei den Physikern und Chemikern so umfangreich sind, muß damit erklärt werden, daß ein Großteil der Kosten der naturwissenschaftlichen Berufe durch Unterstützungen des privaten Sektors finanziert wird; durch die Handhabung der Abrechnung dieser Posten ergeben sich, wie schon an früherer Stelle beschrieben, keine Anhaltspunkte für ihre Aufteilung auf die Kostanartengruppen A–D.

d) Jährliche Kosten, umgerechnet auf die erfolgreich Studierenden der einzelnen Ausbildungswege

Verteilt man die jährlichen Gesamtkosten in den einzelnen Ausbildungswegen auf den Anteil derjenigen Studierenden, die nach den allgemeinen Erfahrungen aus der Vergangenheit ihr Studium erfolgreich, d. h. mit Examen, abschließen werden, so tragen die Erfolgreichen zugleich auch die Kosten der Gescheiterten. Damit ergibt sich ein quantitatives Bild der Kosteneinflußgröße »Versageranteil«, was die Subtraktion der Zeile II von Zeile IV in der Tab. IVb im einzelnen widerspiegelt.
Aus Tab. IVc, die die Ergebnisse gesondert ausweist, ist z. B. zu ersehen, daß die im vorigen Punkt diskutierten jährlichen Ausbildungskosten der Allgemeinen Berufe philosophischer Fakultäten durch die Studienversager um 75,72 % verteuert wurden. Mehrkosten in Höhe von DM 6096 oder 61,40 % verursachten die Versager auch im Ausbildungsweg der Allgemeinen Naturwissenschaftlichen Berufe, und Kostensteigerungen um 33,90 % waren dementsprechend die Folge der erfolglos abgebrochenen Physikstudien.
Die Ausbildung der Chemiker wurde durch die Gescheiterten um 28,88 %, die der Wirtschaftswissenschaftler um 25,62 %, die der Ingenieure um 25,32 % und die der Gymnasial- und Realschullehrer um 22,12 % verteuert. Die Studienkosten der Juristen erhöhten sich demgegenüber um 20,95 %. Verhältnismäßig geringfügig waren die Kostensteigerungen infolge Versagens bei den Theologen, 11,80 %, den Medizinern, 11,35 %, und schließlich bei den Landwirten, die als Ergebnis des hohen »positiven outputs« nur eine allgemeine Kostensteigerung von 5,62 % zu verzeichnen hatten. Da die Relationen der Kostenartengruppen im Vergleich zum vorigen Punkt unverändert geblieben sind, bleibt beispielhaft festzuhalten, daß sich die verhältnismäßig hohe ausbildungsmäßige Effizienz des Landwirtschafts-, Theologie- und Medizinstudiums auch kostenmäßig bedeutsam auswirkt; eine Erkenntnis übrigens, die nach den bisher bekannten Thesen keinesfalls neu sein dürfte, jedoch in ihrem quantitativen Umfang bislang kaum abzuschätzen war.

Die Darstellungen dieses Punktes werden womöglich Anlaß zu eingehender Kritik geben, denn man kann den Standpunkt vertreten, daß auch die Studenten, die ihr Studium erfolglos abgeschlossen haben, eine Ausbildung erfahren haben dürften, die zu bewerten sei [17]. Wenn die Versagerkosten in vorliegendem Beispiel demgegenüber doch den Kosten der Erfolgreichen zugeschlagen wurden, dann deshalb, weil auch die Kostenrechnung der allgemeinen, betriebswirtschaftlichen Produktion die Kosten der »Fehlproduktion« überwiegend voll als Abschreibungen der Rechnungsperiode aufzunehmen pflegt.

e) Kosten der durch Examen abgeschlossenen Ausbildungswege

Behält man die Prämisse des vorigen Punktes, die Kosten der Erfolgreichen seien um die Versagerkosten zu erhöhen, bei, und multipliziert die Semesterkosten (Tab. IVb, Zeile III) mit der durchschnittlichen Anzahl der vom Studienbeginn bis zum Abschlußexakem studierten Semester (Tab. Ic), dann erhält man die Gesamtkosten der abgeschlossenen akademischen Ausbildungen (Tab. IVb, Zeile V); gleichzeitig wird deutlich, welche kostenerhöhenden Auswirkungen die Kosteneinflußgröße »Studiendauer« zur Folge hat (Tab. IVb, Zeile IV im Vergleich zu Zeile V). Da einige der untersuchten Ausbildungswege, wie z. B. die Studiengänge 2, 4, 7 und 10, unterschiedliche Berufe zusammenfassen, von denen angenommen werden kann, daß sie sich kostenmäßig eben nur durch verschiedene Studienzeiten unterscheiden, konnte die Aussage im folgenden auf 15 verschiedene akademische Berufsgruppen erweitert werden (Tab. IVd).
Die abgeschlossene akademische Ausbildung der Landwirte kostet mit DM 216 237 fast doppelt so viel wie die der Physiker, DM 116 505, und Humanmediziner, DM 116 469. Damit schlägt die 15semestrige Studienzeit des Physikstudiums besonders stark zu Buche. Die Ausbildungskosten der Allgemeinen Naturwissenschaftlichen Berufe, DM 108 162, der Zahnmediziner, DM 104 159, und der Chemiker, DM 91 037, lagen ebenfalls noch sehr hoch, durchschnittlich sogar doppelt so hoch wie die Kosten der Ingenieure, DM 68 652, Gymnasiallehrer, DM 57 868, Pharmazeuten, DM 48 072, Realschullehrer, DM 40 899, und der Theologen, die Studienkosten der evangelischen Theologen betrugen DM 37 287, die der katholischen Theologen DM 39 894. Mit großem Abstand folgten dann die verhältnismäßig sehr geringen Ausbildungskosten der Juristen mit DM 17 233 und der Wirtschaftswissenschaftler mit DM 14 364.
Während also die gleichermaßen sehr langen Studiendauern, z. B. der Chemiker (14,4 Semeister) und Gymnasiallehrer (13,3 Semester) ausgesprochen verteuernd wirken, erscheint die pharmazeutische Berufsausbildung, bedingt durch die im Vergleich zu den sonstigen naturwissenschaftlichen Berufen (13,5 Semester) relativ kurze Ausbildungszeit verhältnismäßig kostengünstig. Auch im Falle des landwirtschaftlichen Studienganges ruft die geringe Semesterzahl (7 Semester) einen kostennivellierenden Effekt hervor, der allerdings nicht so stark ist, daß er die absolute Spitzenstellung der landwirtschaftlichen Ausbildung – was die Kosten anbelangt – in Frage stellen könnte.

[17] Mit den Worten F. Eddings wären z. B. die Wissensvermittlungen an Gescheiterte ganz allgemein als »Bildung« zu bezeichnen, wobei er vorschlägt, keine *wertmäßigen* Unterschiede zwischen Bildung und Ausbildung zu machen. Vgl. EDDING, F., a.a.O., S. 87 f.

Tab. IVa 1. Vergleichsübersicht

	1 Wirtschaftswissenschaftler	2 Gymnasial- und Realschullehrer	3 Ingenieure	4 Mediziner
0	19 168 784 = 100%	54 952 102 = 100%	57 499 545 = 100%	74 066 826 = 100%
A	7 587 492 = 39,58%	30 178 814 = 54,91%	18 227 753 = 31,70	39 554 287 = 53,40%
B	1 968 492 = 10,27%	8 229 482 = 14,98%	18 074 989 = 31,43%	15 542 989 = 20,99%
C	1 105 807 = 5,77%	5 998 102 = 10,92%	9 737 804 = 16,94%	13 093 462 = 17,68%
D	246 183 = 1,28%	906 295 = 1,65%	591 861 = 1,03%	1 028 411 = 1,39%
E	7 278 024 = 37,97%	6 375 162 = 11,60%	5 206 957 = 9,06%	3 601 105 = 4,86%
F	982 786 = 5,13%	3 264 247 = 5,94%	5 660 181 = 9,84%	1 246 572 = 1,68%
	5 Juristen	6 Berufe der Phil. Fakultät	7 Berufe der Naturw. Fakultät	8 Physiker
0	13 743 697 = 100%	16 546 235 = 100%	26 232 880 = 100%	20 302 308 = 100%
A	6 777 106 = 49,30%	10 447 500 = 63,14%	8 350 630 = 31,82%	5 353 311 = 26,37%
B	1 848 208 = 13,47%	1 906 023 = 11,52%	8 144 133 = 31,05%	4 446 433 = 21,90%
C	1 065 596 = 7,75%	1 189 516 = 7,19%	4 396 420 = 16,76%	2 741 061 = 13,50%
D	228 093 = 1,66%	304 779 = 1,84%	268 991 = 1,03%	171 857 = 0,85%
E	3 707 933 = 26,97%	2 494 928 = 15,08%	2 184 785 = 8,35%	1 447 334 = 7,13%
F	116 761 = 0,85%	203 489 = 1,23%	2 887 921 = 11,01%	6 143 312 = 30,25%
	9 Chemiker	10 Theologen	11 Landwirte	
0	14 274 580 = 100%	6 264 061 = 100%	15 383 466 = 100%	
A	3 727 698 = 26,11%	3 519 322 = 66,86%	5 914 239 = 38,45%	
B	4 399 804 = 30,82%	518 724 = 9,85%	3 725 917 = 24,22%	
C	2 419 372 = 16,95%	355 198 = 6,75%	4 355 303 = 28,30%	
D	119 552 = 0,84%	124 271 = 2,36%	185 228 = 1,20%	
E	1 202 665 = 8,43%	744 344 = 14,14%	217 100 = 1,41%	
F	2 405 489 = 16,85%	2 202 = 0,04%	987 679 = 6,42%	

0 = Absolute Gesamtkosten 1966.
A = Personalkosten (KA 01–08)
B = Vermögensgegenständenutzung und Kapitalkosten (KA 09–18).
C = Sachliche Unterhaltskosten (KA 19–22).
D = Sonstige Kosten (KA 23–24).
E = Kosten der Studentenversorgung (KA 25–26).
F = Restposten (KA 27).

Tab. IVb 2. *Vergleichsübersicht*
(Die Umrechnung erfolgte nach den Tab. IIIc–IIIn unter besonderer Berücksichtigung der jeweils im Tabellenkopf angegebenen Werte)

	1 Wirtschafts- wissenschaftler	2 Gymnasial- und Realschullehrer	3 Ingenieure	4 Mediziner
I	19 168 784	54 952 102	57 499 545	74 066 826
II	2.178	7 126	9 131	17 007
III	1 368	4 351	5 721	9 469
IV	2 736	8 702	11 443	18 938
V	14 364	57 868	68 652	116 469
		40 899		104 159

	5 Juristen	6 Berufe der Phil. Fakultät	7 Berufe der Naturw. Fakultät	8 Physiker
I	13 743 697	16 546 235	26 232 880	20 302 308
II	3 065	5 484	9 929	11 601
III	1 835	4 818	8 012	7 767
IV	3 707	9 637	16 025	15 534
V	17 233	43 362	108 162	116 505
			48 072	

	9 Chemiker	10 Theologen	11 Landwirte
I	14 274 580	5 264 061	15 383 466
II	9 811	5 849	58 492
III	6 322	3 270	30 891
IV	12 644	6 539	61 781
V	91 037	39 894	216 237
		37 278	

I: Gesamtkosten 1966.
II: Kosten pro Jahr und Beleger.
III: Kosten pro Semester und Erfolgreiche.
IV: Kosten pro Jahr und Erfolgreiche.
V: Kosten pro Ausbildungsweg.

Tab. IVc 3. Vergleichsübersicht

	1 Wirtschafts- wissenschaftler	2 Gymnasial- und Realschullehrer	3 Ingenieure	4 Mediziner
I	2 178	7 126	9 131	17 007
II	2 736	8 702	11 443	18 938
III	558	1 576	2 312	1 931
IV	25,62%	22,12%	25,32%	11,35%
	5 Juristen	6 Berufe der Phil. Fakultät	7 Berufe der Naturw. Fakultät	8 Physiker
I	3 065	5 484	9 929	11 601
II	3 707	9 637	16 025	15 534
III	642	4 153	6 096	3 933
IV	20,95%	75,72%	61,40%	33,90%
	9 Chemiker	10 Theologen	11 Landwirte	
I	9 811	5 849	58 492	
II	12 644	6 539	61 781	
III	2 822	690	3 289	
IV	28,88%	11,80%	5,62%	

I: Kosten pro Jahr und Beleger (entspricht II in Tabelle IVb).
II: Kosten pro Jahr und Erfolgreiche (entspricht IV in Tabelle IVb).
III: III–I.
IV: III als % von I.

Tab. IVd Kosten je Ausbildungsweg, gestaffelt nach der absoluten Kostenhöhe
(Die Zahlen in den Klammern entsprechen der Rangfolge auf Seite 77 f.)

1. Landwirte (11)	DM 216 237,–
2. Physiker (8)	DM 116 505,–
3. Mediziner, allgemeine Humanmedizin (4)	DM 116 469,–
4. Berufe der Naturwissenschaftlichen Fakultät (7)	DM 108 162,–
5. Mediziner, Zahnmedizin (4)	DM 104 159,–
6. Chemiker (9)	DM 91 037,–
7. Ingenieure (3)	DM 68 652,–
8. Gymnasiallehrer (2)	DM 57 868,–
9. Pharmazeuten (7)	DM 48 072,–
10. Berufe der Philosophischen Fakultät (6)	DM 43 362,–
11. Realschullehrer (2)	DM 40 899,–
12. Katholische Theologen (10)	DM 39 894,–
13. Evangelische Theologen (10)	DM 37 278,–
14. Juristen (5)	DM 17 233,–
15. Wirtschaftswissenschaftler (1)	DM 14 364,–

Literaturverzeichnis

A) Einzelwerke, Artikel und Aufsätze mit Verfasserangabe

AEBLI, H., Die geistige Entwicklung als Funktion von Anlage, Reifung, Umwelt- und Erziehungsbedingungen, in: H. Roth (Hrsg.), Begabung und Lernen (Deutscher Bildungsrat, Gutachten und Studien der Bildungskommission 4), Stuttgart 1969, S. 151–191.

AFHELDT, H., Infrastrukturbedarf bis 1980, Prognos-Studien 2, Beiträge zur angewandten Wirtschaftsforschung, hrsg. v. d. Prognos AG, Basel 1967.

ALBERS, W., Art. Finanzausgleich, in: HdSW, Bd. 3, Tübingen 1961, S. 553–575.

Ders., Anforderungen an eine moderne Haushaltswirtschaft: Theorie und Praxis des finanzpolitischen Interventionismus, F. Neumark zum 70. Geburtstag, Tübingen 1970.

BADENHOOP, R., Die kommunale Rationalisierung 1958–1960, Sonderdruck der Kommunalen Gemeinschaftsstelle für Verwaltungsvereinfachung, Köln 1960.

BALOGH, T., und P. P. STREETEN, The Coefficient of Ignorance, Bulletin of the Oxford University Institute of Economics and Statistics, Vol. 25 (1963).

BECKER, G. S., Human Capital. A Theoretical and Empirical Analysis with Special Reference to Education, New York 1964.

Ders., Investment in Human Capital, A Theoretical Analysis, Journal of Political Economy, Vol. 70, 1962, S. 9–49.

BECKER, H., Quantität und Qualität, Grundfragen der Bildungspolitik, 1. Aufl., Freiburg 1962.

BERG, H., Ökonomische Grundlagen der Bildungsplanung (Forschungsbeiträge der Adolph-Weber-Stiftung), Bd. 1, Berlin 1965.

BICKEL, W., Der Finanzausgleich, in: HdF, 2. Aufl., Tübingen 1956, S. 730–788.

BILLERBECK, K., Kosten-Ertrags-Analyse, ein Instrument zur Rationalisierung der administrierten Allokation bei Bildungs- und Gesundheitsinvestitionen, Berlin 1968.

BISCHOFSBERGER, P., Durchsetzung und Fortbildung betriebswirtschaftlicher Erkenntnisse in der öffentlichen Verwaltung. Ein Beitrag zur Verwaltungslehre, Veröffentlichungen der Hochschule St. Gallen für Wirtschafts- und Sozialwissenschaften, Rechts- und Verwaltungswissenschaftl. Reihe, Band 2, Zürich und St. Gallen 1964.

BLAUG, M., Approaches to Educational Planning, in: The Economic Journal, 57, 1967.

Ders., The Rate of Return on Investment in Education in Great Britain, The Manchester School of Economic and Social Studies, Vol. 33 (1965), S. 205–251.

BLITZ, R. C., The Nation's Educational Outlay, in: Muskin, S. J. (Hrsg.), Economics of Higher Education, Washington 1962, S. 147–169.

BODENHÖFER, H. J., und C. CH. v. WEIZSÄCKER, Bildungsinvestitionen, Pfullingen 1967.

BOEHME, H., Preissubventionen, Ein Beitrag zur Theorie der Ausgabeninzidenz, Heft 20 NF, Finanzwissenschaftliche Forschungsarbeiten, Berlin 1959.

BOMBACH, G., The Assessment of the Long-Term Requirements and Demand for Qualified Personnel in Relation to Economic Growth for the Purpose of Educational Policy, Manuskript OECD, Paris 1963.

Ders., Bildungsökonomie, Bildungspolitik und wirtschaftliche Entwicklung, in: Bildungswesen und wirtschaftliche Entwicklung, Heidelberg 1964.

BRIDGEMAN, D. S., Problems in Estimating the Monetary Value of College Education, Review of Economics and Statistics, Vol. 42, 1960, S. 180–184.

BRINKMANN, G., Die Ausbildung von Führungskräften für die Wirtschaft, Köln 1967.

Ders., Berufsanforderungen und Berufsausbildung zur Bestimmung des Bedarfs an hochqualifizierten Arbeitskräften, Tübingen und Zürich 1970.

BURRET, G. F., Die »dynamische Betriebskameralistik«, eine Untersuchung über den Zusammenhang zwischen Kameralistik und Doppik, in: Die Wirtschaftsprüfung, Jg. 19 (1966), Heft 14/15, S. 389 ff.

CASTNER, R., Die Schule als Betrieb, in: Wirtschaft und Erziehung, Heft 4, 19. Jg., 1967, S. 154–160.

DAHRENDORF, R., Bildung ist Bürgerrecht, Plädoyer für eine aktive Bildungspolitik, Osnabrück 1966.

DATHE, H. M., Einige analytische Hilfsmittel zur Unterstützung staatlicher Planungsaufgaben, Reform der Struktur von Bundesregierung und Bundesverwaltung, Bonn 1969.

DENISON, E. F., Proportion of Income Differentials Among Education Groups, »Due to« Additional Education: The Evidence of the Wolfth-Smith-Survey, in: OECD The Residual Factor and Economic Growth, Paris 1964.

DEUTSCH, R., Keine Angst vor programmierten Instruktionen, in: Der Volkswirt, Nr. 24, 17. Jg., 14. 6. 1963, S. 1196–1199.

DICHGANS, H., Universitäten mit Fernunterricht, in: FAZ Nr. 43 v. 10. 2. 69, S. 2.

DORN, G., Aussagemöglichkeiten moderner Kostenrechnungsverfahren, in: Organisation und Rechnungswesen, Festschrift für Erich Kosiol zum 65. Geburtstag, hrsg. von Erwin Grochla, Berlin 1964.

Ders., Die Entwicklung der industriellen Kostenrechnung in Deutschland, Berlin 1961.

DUPUIT, J., De la Mesure de l'Utilité des Traveaux Publics, Annales des Ponts et Chaussées, Paris 1844.

EDDING, F., Arbeitsteilung hilft Bildungsaufgaben rationeller lösen, in: Handelsblatt Nr. 114 v. 19./20. 6. 1970, S. 16.

Ders., Ökonomie des Bildungswesens, Lehren und Lernen als Haushalt und als Investition, Freiburg 1963.

EHRT, R., Die Zurechenbarkeit von Kosten auf Leistungen auf der Grundlage kausaler und finaler Beziehungen, Stuttgart usw. 1967.

ELFERT, F. W., Wie lassen sich kaufmännisch-betriebswirtschaftliche Gedanken zur Frage der Vermögenserhaltung auf die öffentliche Finanzwirtschaft sinngerecht anwenden? in: Welche Erfahrungen der Betriebswirtschaft können Staat und Kommunen für die wirtschaftliche Gestaltung ihrer Verwaltung und ihrer Ausgaben übernehmen? Göttingen 1958, S. 50 ff.

FAUTH, G., Ein Studienplatz in Bochum kostet mehr als 10 000,–, in: Kölner Stadtanzeiger, Nr. 216, S. 3, v. 19. 9. 69.

FESSEL, G., Universitätsplanung in den USA, in: Deutsche Universitätszeitung, Frankfurt, Jg. 12 (1964).

FRENZEL, I., Was kostet das Studium?, in: Süddeutsche Zeitung, Nr. 111 v. 9./10. Mai 1970.

FREUND, R., Bildungsplanung, Bildungsinvestition, Bildungsertrag, Wien 1969.

FRICKE, G., Grundlagen und Technik der kalkulatorischen Zinsverrechnung, Diss. Köln 1958.

GERBER, H., Art. Universitäten und Hochschulen, in: HdSW, S. 471–479.

GIERSCH, H., Infrastruktur und Regionalpolitik, in: A. Plitzko, Planung ohne Planwirtschaft. Frankfurter Gespräche der List-Gesellschaft, Basel usw. 1964.

GILLESPIE, W. J., Wirkungen des Finanzsystems auf die Einkommensverteilung, in: Finanzpolitik, hrsg. v. H. C. Recktenwald, Köln–Berlin 1969, S. 230–254.

GLAESER, R., Finanzpolitische Willensbildung in der BRD, Volkswirtschaftl. Schriften, Heft 82, Berlin 1964.

GOTTSLEBEN, V., Die Manpower-Forschung der OECD-Organisation und Inhalt, in: Mitteilungen des Instituts für Arbeitsmarkt- und Berufsforschung. Bundesanstalt für Arbeitsvermittlung und Arbeitslosenversicherung, 1968, Nr. 2, S. 44–79.

GSELL, E., und E. BOSSARD, Kostenrechnung und Preiskalkulation, 2. Aufl., Zürich 1948.

GUTENBERG, E., Grundlagen der Betriebswirtschaftslehre, Band 1, Produktion, Berlin usw. 1965, 10. Aufl.

GREEN, D. I., Pain Cost and Opportunity Cost, in: The Quarterly Journal of Economics, Vol. 8, 1894, S. 218 ff.

HAEBERLIN, U., Ein neuer Planungsstil, in: NZZ Nr. 256 v. 17. 9. 70, S. 85, Fernausgabe.

HALLER, H., Finanzpolitik, Grundlagen und Hauptprobleme, 4. Aufl., Tübingen 1968.

Ders., Wandlungen in den Problemen föderativer Staatswirtschaften, in: Finanzarchiv, NF Bd. 27, 1968, S. 249–270.

HANSEN, W. L., Total and Private Rates of Return to Investment in Schooling, Journal of Political Economy, Vol. 71, 1963, S. 128–140.

HANSMEYER, K. H. und D. FÜRST, Die Gebühren. Zur Theorie eines Instrumentariums der Nachfragelenkung bei öffentlichen Leistungen, Stuttgart 1968.

HARTMANN, N., Teleologisches Denken, Berlin 1951.

HECKEL, H., Schule und Reichssparkommissar. Die schulpolitische und schulfinanzpolitische Gegenwartsbedeutung der Prüfungsergebnisse des Reichssparkommissars. Berlin und Köln 1954.
HECKT, W., Zur Problematik der Gemeinschaftsaufgaben, in: Finanzarchiv, NF Bd. 28, 1969, Heft 1, S. 143 ff.
HEGELHEIMER, A., Bildungsökonomie und Bildungsplanung, in: Konjunkturpolitik, 14. Jg., 1968
HEERWAGEN, F., Das Labyrinth des Studiums, Handelsblatt Nr. 130 v. 11./12. 7. 69, S. 21.
HEIDEGGER, M., Die Frage nach der Technik, in: Vorträge und Aufsätze, Pfullingen 1954.
HEILF, U., Die Möglichkeit der Anwendung der Nutzen-Kosten-Analyse bei der Planung staatlicher Bildungsinvestitionen, Dipl.-Arbeit, angefertigt im Seminar für Finanzwissenschaft der Universität zu Köln, 1970.
HEINEN, E., Betriebswirtschaftliche Kostenlehre, 3. Aufl., Wiesbaden 1970.
Ders., Das Zielsystem der Unternehmung, Wiesbaden 1966.
Ders., Zum Problem des Zinses in der industriellen Kostenrechnung, Köln usw. 1952.
HELD, G., Theorie der Kameralrechnung, Wiesbaden 1951.
HENZEL, F., Die Kostenrechnung, 4. Aufl., Essen 1964.
Ders., Kosten und Leistung, 4. Aufl., Essen 1967.
HERMELINK, M. U., Einkommensumschichtung durch die Ausgaben der öffentlichen Hand, Diss. Köln 1956.
HESSE, H., und V. ARNOLD, Nutzen-Kosten-Analyse für städtische Verkehrsprojekte, dargestellt am Beispiel der Unterpflasterstraßenbahn in Hannover, in: Kyklos, Vol. XXIII 1970, Fasc. 3, S. 520–557.
HIRSCH, W. Z., SEGELHORST, W. E., und M. J. MARCUS, Spillover of Public Education Cost and Benefits, Los Angeles 1964.
HITPASS, J., Einstellung der Industriearbeiterschaft zu höherer Bildung, Ratingen 1965.
Ders., Das Studienschicksal des Immatrikulationsjahrganges 1958, Gütersloh 1967.
HITPASS, J., und A. MOCK, Studenteneskalation, Expansion der Studentenzahlen bis zum Jahre 2000. Studienwünsche der Gymnasiasten und ihre Motive, Bielefeld 1969.
HOUTHAKKER, H. S., Education and Income, Review of Economics and Statistics, Vol. 41 (1959), S. 24–28.
HÜTTL, A., Das Wirtschaftlichkeitsprinzip in der öffentlichen Verwaltung, in: 250 Jahre Rechnungsprüfung, hrsg. vom Bundesrechnungshof, Frankfurt 1964.
ILG, R., Rationalisierung im Bibliothekswesen der USA, in: NZZ, Fernausgabe Nr. 234 v. 26. 8. 1970, S. 4.
JECHT, H., Staatliche Wirtschaftspolitik und Einkommensverteilung, in: Schriften des Vereins für Socialpolitik, NF Heft 13, Berlin 1957, S. 126–148.
JENNE, M., KRÜGER, M., und U. MÜLLER-PLAUTENBERG, Student im Studium, Stuttgart 1969.
JESSEN, J., Art. Finanzausgleich, Wörterbuch der Volkswirtschaftslehre, Bd. I, S. 786.
JOHNS, R., Kameralistik, Grundlagen einer erwerbswirtschaftlichen Rechnung im Kameralstil, in: Die Handelshochschule, Wiesbaden 1951.
KALVERAM, W., Industrielles Rechnungswesen, III. Kostenrechnung, 6. Aufl., Wiesbaden 1968.
KATH, G., OEHLER, CH., und R. REICHWEIN, Studienweg und Studienerfolg. Eine Untersuchung über Verlauf und Dauer des Studiums von 2000 Studienanfängern des SS 1957 in Berlin, Bonn und Frankfurt, Berlin 1966.
KELLERER, H., Statistik im modernen Wirtschafts- und Sozialleben, Reinbek 1960.
KEYNES, J. M., The General Theory of Employment, Interest and Money, London 1936, Wiederabdruck London 1964.
KILGER, W., Der theoretische Aufbau der Kostenkontrolle, in: ZfB 1959, S. 457 ff.
Ders., Flexible Plankostenrechnung, 3. Aufl., Köln und Opladen 1967.
KIRSCH, G., Die logische Struktur des Problems einer Rationalisierung der Entscheidungsfindung auf Regierungsebene, Reform der Struktur von Bundesregierung und Bundesverwaltung, Bonn 1969.
KLEIN, L., Verfassungsrechtliche Grenzen der Gemeinschaftsaufgaben, in: Bd. 11 der Schriftenreihe der Hochschule Speyer, Gemeinschaftsaufgaben zwischen Bund, Ländern und Gemeinden, Berlin 1961.
KLINOV-MALUL, R., The Profitability of Investment in Education in Israel, Jerusalem 1966.

KNAPPMANN, G., Betriebliche Investitionswirtschaft, Köln und Opladen 1970.

KOCH, H., Die Ermittlung der Durchschnittskosten als Grundprinzip der Kostenrechnung, Z.f.h.F., NF 5. Jg. 1953, S. 303–327.

Ders., Grundprobleme der Kostenrechnung, Köln und Opladen 1966.

Ders., Zum Problem des Gemeinkostenverteilungsschlüssels, Z.f.h.F., NF 17. Jg., 1965, S. 170.

KOSIOL, E., Kostenauflösung und proportionaler Satz, Z.f.h.F., 1927, S. 345 ff.

Ders., Kostenrechnung, Wiesbaden 1964.

KROMMWEH, B., Die Schule, ein Stiefkind der Rationalisierung, in: Fortschrittliche Betriebsführung, 15/1966, Heft 3, S. 61 ff.

KRUG, W., Quantitative Beziehungen zwischen materiellem und immateriellem Kapital, Jahrbücher für Nationalökonomie und Statistik, Bd. 180 (1967), S. 36–71.

LEIMICH, P., Die Vermögensrechnung der öffentlichen Hand, Heft 3 der Schriften zur Verwaltungslehre, hrsg. v. W. Thieme, Köln usw. 1968.

LOITLSBERGER, E., Das Wirtschaftlichkeitsprinzip – Analyse und Erscheinungsformen, Wien 1955.

LÜCKE, W., Die kalkulatorischen Zinsen im betrieblichen Rechnungswesen, Z.f.B. 1965, Ergänzungsheft, S. 3 ff.

MACHLUP, F., Wir alle schlagen nicht hart zu, in: FAZ Nr. 123 v. 28. 5. 66, S. 5.

Ders., Hochschulausbildung im volkswirtschaftlichen Kalkül, in: FAZ Nr. 124 v. 12. 6. 65, S. 65.

Ders., The Production and Distribution of Knowledge in the United States, Princeton 1962.

Ders., Die Hochschulausbildung im volkswirtschaftlichen Kalkül, Veröffentlichung der Schleswig-Holsteinischen Universitätsgesellschaft, NF Nr. 39, Kiel 1965.

MENASSE, F. L., Industrial Engineering im Schulwesen, in: Fortschrittliche Betriebsführung, 15/1966, Heft 2, S. 50 ff.

MELLEROWICZ, K., Abschreibungen in Erfolgs- und Kostenrechnung, Heidelberg 1957, S. 52.

Ders., Kosten und Kostenrechnung, Bd. 1, Theorie der Kosten, 4. Aufl., Berlin 1963.

MENRAD, S., Der Kostenbegriff, Betriebswirtschaftl. Schriften, Heft 16, Berlin 1965.

MERRET, S., The Rate of Return to Education: A Critique, Oxford Economic Papers, Vol. 18 (1966), S. 289–303.

MEY, A., Wirtschaftliche Kostenrechnung und vermögensrechtliche Staatsbuchhaltung, in: Die Wirtschaftlichkeit in der öffentlichen Verwaltung, Schriftenreihe der Forschungsstelle für Staats- und Kommunalwirtschaft, NF, Wiesbaden, Berlin 1953.

MILLER, H. P., Annual and Lifetime Income in Relation to Education, American Economic Review, Vol. 50, 1960, S. 962–986.

MORGAN, J. N., und U. H. DAVID, Education and Income, Quarterly Journal of Economics, May 1964, S. 346–348.

MORT, P. R., Studies in Educational Innovation, in: Miles, M. B., Innovation in Education, New York 1964.

MÜLLER, A., Istkosten-, Normalkosten- und Plankostenrechnung in vergleichender Betrachtung, in: Der Betrieb 1952, S. 537.

Ders., Die Normalkostenrechnung als Hilfsmittel der Kostenauswertung, Archiv für Eisenhüttenwesen, 1938/39, S. 309 ff.

MÜLLER, R., Kritik der neueren Literatur zur Bildungsökonomie, Diss. Köln 1968.

MÜLLER-LÖFFELHOLZ, Banklexikon, Wiesbaden 1969.

MUSGRAVE, R. A., Finanztheorie, übersetzt v. L. Kullmer, 2. Aufl., Tübingen 1969.

NEUMARK, F., Grundsätze gerechter und ökonomisch rationaler Steuerpolitik, Tübingen 1970.

Ders., Planung in der öffentlichen Finanzwirtschaft, in: Schneider, E., Rationale Wirtschaftspolitik und Planung in der Wirtschaft von heute, Schriften des Vereins für Socialpolitik, NF Bd. 45, Berlin 1967, S. 197 ff.

Ders., Wirtschafts- und Finanzprobleme des Interventionsstaates, Tübingen 1961.

NEWMAN, J. H., Vom Wesen der Universität, übersetzt aus dem Englischen von Heinrich Bohlen, Mainz 1960, 8. Vortrag.

NOWAK, P., Kostenrechnungssysteme in der Industrie, 2. Aufl., Köln und Opladen 1961.

OBERNDÖRFER, D., Theorie der Zieldefinition und Kategorien der Ziele, Reform der Struktur von Bundesregierung und Bundesverwaltung, Bonn 1969.

Olivera, J. H. G., Die Universität als Produktionseinheit, in: Weltwirtschaftl. Archiv 98 (1967), Heft 1.
Ottwaska, D., Die Schule als Bildungsbetrieb, in: Wirtschaft und Erziehung, Heft 4, 1967, 19. Jg., S. 145–153.
Palm, G., Die Ausgaben für Schulen und Hochschulen in der Bundesrepublik Deutschland, 1950–1962, 2. Aufl., Frankfurt 1964.
Parkinson, N. C., . . . alles von unserem Geld, Düsseldorf 1960.
Parnes, H. S., (Hrsg.), Planning Education for Economic and Social Development, OECD, The Mediterranean Regional Project, Paris 1963.
v. Recum, H., Aspekte der Bildungsökonomie, Neuwied 1969.
Ders., Perspektiven der Bildungsplanung, Frankfurt/M. 1967.
Riebel, P., Das Rechnen mit relativen Einzelkosten und Deckungsbeiträgen als Grundlage unternehmerischer Entscheidungen im Fertigungsbereich. Neue Betriebswirtschaft, 14. Jg. 1961, S. 145.
Ders., Die Problematik der Normung von Abschreibungen, in: Der Betrieb, 13. Jg. 1960, S. 729.
Riese, H., Theorie der Bildungsplanung und Struktur des Bildungswesens, in: Konjunkturpolitik, 14. Jg. 1968, S. 261.
Ders., Die Entwicklung des Bedarfs an Hochschulabsolventen in der BRD, Wiesbaden 1967.
Ders., Wir brauchen eine dynamische Strategie, in: Wirtschaftswoche, Der Volkswirt, Nr. 51 v. 18. 12. 70, S. 42–45.
Riesen, H., Kostenstruktur und Rechnungswesen der Schulen und Internate, Diss. Bern 1954.
Roevenich, W., Bildungsökonomie, Köln 1966.
Rucker, A., Studiendauer und Studienerfolg an den wissenschaftlichen hohen Schulen Westdeutschlands, München 1960.
Rummel, K., Einheitliche Kostenrechnung auf der Grundlage einer vorausgesetzten Proportionalität der Kosten zu betrieblichen Größen, 3. Aufl., Düsseldorf 1949, S. 209 ff.
Salin, E., Planung – der Begriff, seine Bedeutung, seine Geschichte, in: A. Plitzko (Hrsg.), Planung ohne Planwirtschaft, Frankfurter Gespräche der List-Gesellschaft, Basel 1964.
Senf, P., Die Reform der öffentlichen Haushaltsgebarung zur Erhöhung der Transparenz, in: Finanzpolitik, hrsg. v. H. C. Recktenwald, Köln und Berlin 1969, S. 112–127.
Sonnefeld, E., Der Mythos von den fixen Kosten und die betriebswirtschaftliche Leistungsabrechnung. Zugleich eine Kritik der Grenzplankostenrechnung, Z.f.B., 1962, S. 44 ff.
Swift, W. J., und B. A. Weisbrod, On the Monetary Value of Education's Intergeneration Effects, Journal of Political Economy, Vol. 73, 1965, S. 643–649.
Schachtner, M., Die Wirtschaftlichkeit der Öffentlichen Hand, Ein Beitrag zur Untersuchung der Rationalität öffentlichen Handelns, Diss. Köln 1966.
Schär, J. F., Buchhaltung und Bilanz, 2. Aufl., Berlin 1914.
Scherer, F., Großer Aufwand – magere Ergebnisse, in: Wirtschaftswoche, Der Volkswirt, Nr. 50 v. 11. 12. 70, S. 51–53.
Schiller, H., Schichtbetrieb an den Universitäten? in: Münchner Merkur v. 3./4. 1. 70, S. 3.
Schmalenbach, E., Der Kontenrahmen, 4. Aufl., Leipzig 1935.
Schmidt, F., Die organische Tageswertbilanz, 4. Aufl., Wiesbaden 1951.
Schmidt, K., Bildung lohnt sich, hoher Kapitaleinsatz, überdurchschnittliche Verzinsung, in: Der Volkswirt, Nr. 47 v. 24. 11. 67, S. 2601.
Schmitz, H., Die Kostenrechnung der öffentlichen Binnenhäfen und Möglichkeiten eines kostenorientierten Preissystems, hrsg. v. Institut für Verkehrswissenschaft, Prof. Dr. R. Willeke, Nr. 22, Düsseldorf 1967.
Schmölders, G., Finanzpolitik, 2. Aufl., Berlin usw. 1965.
Ders., Finanzpolitik, 3. Aufl., Berlin usw. 1970.
Ders., Finanz- und Steuerpsychologie, Reinbek 1970.
Ders., Volkswirte in die Verwaltung!, in: Der Deutsche Volks- und Betriebswirt, 1. Jg. 1/2, Bonn 1954, S. 5–8.
Schneider, D., Die wirtschaftliche Nutzungsdauer von Anlagegütern als Bestimmungsgrad der Abschreibungen, Köln und Opladen 1961.
Schnettler, A., Betriebe, öffentliche Haushalte und Staat, Berlin 1964.
Ders., Öffentliche Betriebe, Essen 1956.

Schönfeld, H. M., Kostenrechnung, Stuttgart 1961.

Schultz, T. W., Education and Economic Growth, in: Henry, N. B., Social Forces Influencing American Education Part II, Chicago 1961.

Schulz, C. E., Ist-, Richt- und Plankostenrechnung, Ein Beitrag zur Klärung der Begriffe, Z.f.B. 1951, S. 466.

Spary, P., Wachstums- und Wohlstandseffekte als Entscheidungskriterien bei öffentlichen Straßenbauinvestitionen, Finanzwissenschaftliche Forschungsarbeiten, NF Heft 37, Berlin 1968.

Steinbuch, K., Programm 2000, Stuttgart 1970.

Steindl, J., The role of manpower requirements in the educational planning of the Austrian E. J. P. Team, in: Manpower Forcasting in Educational Planning, Paris 1965.

Steiner, P. O., The Role of Alternative Cost in Project Design, in: The Quarterly Journal of Economics, Cambridge, Mass., 1965.

Stolber, W. B., Nutzen-Kosten-Analysen in der Staatswirtschaft, Göttingen 1968.

Ders., Effizienz in der öffentlichen Wirtschaft, in: Jahrbuch für Sozialwissenschaft, Bd. 19 (1968), S. 367.

Strümpel, B., Volkswirtschaftliche Kriterien für Ausbau und Ausgestaltung des Erziehungs- und Bildungswesens, in: Schmollers Jahrbuch (1965), S. 151 ff.

Thiemeyer, T., Kosten als gesellschaftliche Bedeutungsgröße, in: Zeitschrift für Verkehrswissenschaft, hrsg. von Prof. Dr. R. Willeke, 39. Jg., Heft 4, 1968, S. 193–204.

Thiess, E., Reich und Länder, 10. Jg., Berlin 1936, S. 82.

Vialon, K., Besteht in der öffentlichen Ausgabenwirtschaft ein natürliches Interesse an Wirtschaftlichkeit und Sparsamkeit? in: Welche Erfahrungen der Betriebswirtschaft können Staat und Kommunen für die wirtschaftliche Gestaltung ihrer Verwaltung und ihrer Ausgaben übernehmen?, Göttingen 1958.

Vosgerau, H. J., Über Kosten und Erträge von Ausbildungsinvestitionen, in: Kyklos, Vol. XVIII (1965), S. 434, 450.

Weichmann, H., Zielsetzung der Verwaltungsreform in der Gegenwart, in: Verwaltungsarchiv, Zeitschrift für Verwaltungslehre, Verwaltungsrecht und Verwaltungspolitik, 48. Jg. 1957.

Weichselberger, K., Gegenwart und Zukunft der Universität, in: Soziale Verantwortung. Festschrift zum 80. Geburtstag von Goetz Briefs, hrsg. v. J. Broermann und Ph. Herder-Dorneich, Berlin 1968, S. 645–664.

Weisbrod, B. A., Education and the Investment in Human Capital, Journal of Political Economic, October 1962, Chicago Supplement, S. 123.

Ders., External Benefits of Public Education, Princeton 1964.

Wessels, Th., Art. Wohlfahrtsökonomik, in: Staatslexikon, Bd. 8, Freiburg 1963, Sp. 886 ff.

Westphal, R., Zur Problematik der kalkulatorischen Kosten bei öffentlichen Einrichtungen, in: Der Gemeindehaushalt, Jg. 67 (1966), S. 155 ff.

Widmaier, H. P., Begabung und Bildungschancen, eine Veröffentlichung der OECD, Frankfurt 1967.

Ders., Bildung und Wirtschaftswachstum, hrsg. in der Reihe: »Bildung in Neuer Sicht«, Villingen 1966.

Widmaier, H. P., und K. Bahr, Bildungsplanung, Ansätze zu einer rationalen Bildungspolitik, Stuttgart 1966.

Wöhe, G., Einführung in die Allg. BWL, 9. Aufl., Berlin und Frankfurt 1969.

v. Wysocki, K., Kameralistisches Rechnungswesen, Stuttgart 1965.

Zeitel, G., Die Steuerlastverteilung in der Bundesrepublik Deutschland, Tübingen 1959.

B) Veröffentlichungen ohne Verfasserangabe

Bericht der Bundesregierung zur Bildungspolitik, Bundesratsdrucksache 364/70 v. 8. 6. 1970.

Bulletin des Presse- und Informationsamtes der Bundesregierung, Nr. 38 und Nr. 63, 1970.

Bundesbericht Forschung I, Bundestagsdrucksache IV/2963 v. 18. 1. 1965.

Bundesbericht Forschung II, Bundestagsdrucksache V/2054 v. 28. 7. 1967.

Der subventionierte Student, in: Der Volkswirt, Nr. 36, 23. Jg. 1969, S. 32 ff.

Direct Costing, das Rechnen mit Grenzkosten, hrsg. v. RKW, Frankfurt/M. 1964.
Empfehlungen für die Neuordnung des Schulwesens, hrsg. von der Bildungskommission des Deutschen Bildungsrates, Februar 1970.
Empfehlungen des Wissenschaftsrates zum Ausbau der wissenschaftlichen Hochschulen bis 1970, Tübingen 1967.
Forschungsgesellschaft für Staats- und Kommunalwirtschaft, Frankfurt/M.: Welche Erfahrungen der Betriebswirtschaft können Staat und Kommunen für die Gestaltung ihrer Verwaltung und ihrer Aufgaben übernehmen? Göttingen 1958.
Handbuch der akademischen Studiengebiete und Berufe, Bonn–Bielefeld 1964.
Institut »Finanzen und Steuern«, Einzelfragen zur Finanzreform, Brief 100, Bonn 1968.
Mitteilungsblatt des Schweizerischen Wissenschaftsrates, Jg. 3, Heft 1, Bern, März 1969.
Robbins Report on Higher Education, London 1964.
Studienführer der Universität Bonn für das Jahr 1966.
The Residual Factor and Economic Growth, OECD, Paris 1964.
The World Year Book of Education, Educational Planning, London 1967.
Wegekostenanalyse, Bericht über die Kosten der Wege des Eisenbahn-, Straßen- und Binnenschiffsverkehrs in der BRD, Heft 34 der Schriftenreihe des Bundesmin. für Verkehr, Bad Godesberg 1969.
N.A.C.A. Research Report, Direct Costing, Research Series Nr. 23, New York 1953.
Vorläufige Zusammenfassung der Empfehlungen des Wissenschaftsrates zur Struktur und zum Ausbau des Bildungswesens im Hochschulbereich nach 1970, hrsg. als Sonderdruck des Wissenschaftsrates, Köln 1970.

C) Statistiken und Gesetzestexte

Digest of Educational Statistics, USA 1969, Table 109.
Entwicklungsgrundlagen TH Aachen 1968, Veröffentlichung der Staatshochbauverwaltung des Landes NRW zusammen mit der TH Aachen.
Geschäftsbericht der Deutschen Bundesbank für das Jahr 1967.
Haushaltsrechnung des Landes Nordrhein-Westfalen für das Rechnungsjahr 1966.
International Statistical Year for Research and Development, A Study of Resources Devoted to R + D in OECD Member-Countries, in 1963/64, Band 2.
Stat. Berichte des Stat. Landesamtes Nordrhein-Westfalen, BI3–j/67 und BI3–j/68.
Statistik des Bildungswesens 1960–1975, Strukturförderung im Bildungswesen des Landes Nordrhein-Westfalen, Heft 6, Wuppertal–Düsseldorf 1968.
Stat. Jahrbücher für die BRD 1952–1970, hrsg. v. Stat. Bundesamt, Stuttgart 1951–1969.
Studentenwerk Aachen: Bericht über die Prüfung der Abschlußrechnung für das Jahr 1966.
Studentenwerk Bonn: Bericht über die Prüfung der Abschlußrechnung für das Jahr 1966.
Studentenwerk Köln: Bericht über die Prüfung der Abschlußrechnung für das Jahr 1966.
Grundgesetz für die Bundesrepublik Deutschland.
Bundeshaushaltsordnung von 1969.
Haushaltsgrundsätzegesetz von 1969.

Forschungsberichte des Landes Nordrhein-Westfalen

Herausgegeben im Auftrage des Ministerpräsidenten Heinz Kühn
vom Minister für Wissenschaft und Forschung Johannes Rau

Sachgruppenverzeichnis

Acetylen · Schweißtechnik

Acetylene · Welding gracitice
Acétylène · Technique du soudage
Acetileno · Técnica de la soldadura
Ацетилен и техника сварки

Arbeitswissenschaft

Labor science
Science du travail
Trabajo científico
Вопросы трудового процесса

Bau · Steine · Erden

Constructure · Construction material · Soilresearch
Construction · Matériaux de construction · Recherche souterraine
La construcción · Materiales de construcción · Reconocimiento del suelo
Строительство и строительные материалы

Bergbau

Mining
Exploitation des mines
Minería
Горное дело

Biologie

Biology
Biologie
Biologia
Биология

Chemie

Chemistry
Chimie
Quimica
Химия

Druck · Farbe · Papier · Photographie

Printing · Color · Paper · Photography
Imprimerie · Couleur · Papier · Photographie
Artes gráficas · Color · Papel · Fotografía
Типография · Краски · Бумага · Фотография

Eisenverarbeitende Industrie

Metal working industry
Industrie du fer
Industria del hierro
Металлообработывающая промышленность

Elektrotechnik · Optik

Electrotechnology · Optics
Electrotechnique · Optique
Electrotécnica · Optica
Электротехника и оптика

Energiewirtschaft

Power economy
Energie
Energía
Энергетическое хозяйство

Fahrzeugbau · Gasmotoren

Vehicle construction · Engines
Construction de véhicules · Moteurs
Construcción de vehículos · Motores
Производство транспортных средств

Fertigung

Fabrication
Fabrication
Fabricación
Производство

Funktechnik · Astronomie

Radio engineering · Astronomy
Radiotechnique · Astronomie
Radiotécnica · Astronomía
Радиотехника и астрономия

GPSR Compliance

The European Union's (EU) General Product Safety Regulation (GPSR) is a set of rules that requires consumer products to be safe and our obligations to ensure this.

If you have any concerns about our products, you can contact us on ProductSafety@springernature.com

In case Publisher is established outside the EU, the EU authorized representative is:

Springer Nature Customer Service Center GmbH
Europaplatz 3
69115 Heidelberg, Germany

Batch number: 10809636

Printed by Printforce, the Netherlands